Halko Weiss / Dyrian Benz · Auf den Körper hören

Halko Weiss · Dyrian Benz

Auf den Körper hören

Hakomi-Psychotherapie

Eine praktische Einführung

Mit einer Einleitung

von Ron Kurtz

Kösel

Übersetzung des amerikanischen Rohmanuskripts: Klaus Staudt.

Für Ron Kurtz, der die Hakomi-Methode entwickelt und vervollkommnet hat, der sein Wissen so frei weitergibt, und der für uns ein großartiger Lehrer und lieber Freund geworden ist.

CIP-Titelaufnahme der Deutschen Bibliothek

Weiss, Halko:
Auf den Körper hören : Hakomi-Psychotherapie ; eine praktische Einführung / Halko Weiss ; Dyrian Benz. Mit e. Einl. von Ron Kurtz. –
2. Aufl. –
München : Kösel, 1989
ISBN 3-466-34173-6
NE: Benz, Dyrian:

2. Auflage 1989

Gesamtherstellung: Kösel, Kempten.
Umschlag: Günther Oberhauser, München, unter Verwendung des Hakomi-Signets.
ISBN 3-466-34173-6

Inhalt

Einleitung

von Ron Kurtz

Hakomi ist ein Wort der Hopi-Indianer mit einer modernen und einer archaischen Bedeutung. Modern läßt es sich als Frage »Wer bist du?« und als Aussage »Der, der du bist« übersetzen. Und genau dieser Übergang von der Frage zur Feststellung ist der Gegenstand der wachstumsorientierten Psychotherapie. Diese fortschreitende (Wieder-)Entdeckung der Identität ist der Zweck einer Therapie.

Die archaische Bedeutung von Hakomi ist: »Wie stehst du in Beziehung zu diesen vielen Bereichen?« Das kann man auch so übersetzen: »Welchen Standpunkt nimmst du gegenüber den einzelnen Aspekten des Lebens ein?« Wie stehst du zum spirituellen Bereich, zum materiellen Bereich, zu den großen Lebensthemen? Wie zum Beispiel stehst du zu Freundschaft und Liebe? Was ist deine Einstellung Gott und den Menschen gegenüber, zu Freiheit und Verantwortlichkeit? Wie stehst du bezüglich all dieser Bereiche?

Nun, entweder weißt du, wie du stehst, oder du weißt es nicht. Höchstwahrscheinlich weißt du es nicht, wenn du nicht schon eine lange und tiefschürfende Suche hinter dir hast. Therapie bedeutet, etwas herauszufinden. Therapie dreht sich in erster Linie um Entdeckungen. Sie dreht sich um die Frage, wer du bist, und um deine tiefsten emotionalen Einstellungen. Es geht nicht nur darum, wer du glaubst, zu sein. Es geht nicht um eine Meinung. Es geht nicht um etwas, das du nur intellektuell begreifen kannst. Es geht darum, wer du im tiefsten Grunde deines Herzens bist. Und es bedeutet harte Arbeit, die Frage zu beantworten: »Wer bist du?«

Dieses Buch wird dir helfen, Dinge über dich selbst zu entdecken. Wichtiger noch, es wird dich lehren, mit der Selbstentdekkung allein weiterzumachen. Diese Reise dauert Jahre. Um die Tiefen zu erreichen, bedarf es konzentrierter und hingebungsvoller Arbeit. Du mußt wissen wollen. Es ist nicht eine einfache Frage von Entscheidung, wer du bist. Zu dem Zeitpunkt, an dem du diese Frage stellst, existiert bereits ein Selbst, und der Prozeß der Kenntnisnahme dieses Selbst ist ein langes Erwachen.

Im Leben vieler Menschen werden die tiefen Schichten des Selbst nur ein- oder zweimal krisenhaft freigelegt. Unter großem Druck oder Streß drückt man direkt aus, wer man ist und wo man steht. Einer dieser Augenblicke kam für mich vor einigen Jahren auf Hawaii. Ich lernte etwas über Liebe. Wenn du mich in jenen Tagen gefragt hättest, ob ich meine Frau liebte, hätte ich mit Ja geantwortet. Und wären wir gute Freunde gewesen, und ich hätte Lust zum Reden gehabt, hätte ich hinzugefügt, daß ich nicht genau wüßte, was das Wort Liebe wirklich bedeutet. Um die Wahrheit zu sagen hätte ich gesagt: »Ich glaube ich liebe sie. Und manchmal denke ich, ich liebe sie nicht.« Meine Frau und ich nahmen zusammen eine Dusche, und sie rutschte aus. Dabei schaltete sie die Kaltwasserzufuhr ab. Plötzlich strömte nur noch kochendheißes Wasser aus der Leitung, sie war aus dem Gleichgewicht, konnte den Hahn nicht erreichen und lief Gefahr, sich zu verbrühen oder aus der Dusche zu stürzen. Ich stand ungefährdet auf der anderen Seite der Wanne und begriff sofort die Situation. Ohne zu zögern trat ich in das heiße Wasser, fing sie auf und setzte sie außerhalb der Wanne ab. Dann stellte ich das Wasser ab. Ja, ich liebte sie – sicherlich mehr als meine Haut. Ich hatte mich auch nicht verbrannt – ich hatte das heiße Wasser noch nicht einmal gespürt. Und ich konnte in ihrem Blick lesen: Mein Held!

Mut ist die wichtigste Eigenschaft für die therapeutische Arbeit. Es braucht Mut, sich selbst anzuschauen. Es bedarf einer wirklichen Sehnsucht nach Wissen, und es bedarf der Bereitschaft anzunehmen, was immer da ist. Es hilft auch, spielerisch zu sein. An irgendeinem Punkt merkst du, daß die Dinge, in denen du festzusitzen glaubtest, deine Charaktereigenschaften, veränderbar sind. Du kannst dich von ihnen befreien. In gewisser Weise sind sie nichts als selbsterzeugte Einschränkungen, Rollen. Wir sind weitaus mehr als das. Es ist, als ob wir Kostüme anlegen und dann vergessen, daß wir spielen. Es hilft, wenn du diese Anteile deines Selbst nicht allzu ernst nimmst. Mut, ein tiefer Wunsch nach Wissen und Freiheit, sowie Bereitschaft zum Spielen – das ist notwendig.

Die Reise geht vom »Wer bin ich« zum »Der bin ich«. Am Ende dieser Reise bist du ganz und im Besitz einer Vision. Du kennst deine Bedürfnisse und deine Richtung. Du kannst sagen: »Das will ich, und das will ich nicht.« Du hast Konflikte aufgelöst, in denen ein Teil von dir etwas wollte, während der andere Teil sich sträubte. Es ist kein wirkliches Ende der Reise. Wenn sie überhaupt endet, dann in der Erleuchtung. Man interessiert sich nicht mehr für das Ego-Selbst, sondern für das unbegrenzte Selbst des Seins. Denn das ist letztendlich, was wir sind.

Das Hauptwerkzeug der Hakomi-Therapie ist die Achtsamkeit, mit deren Hilfe wir unsere emotionalen Einstellungen entdecken. Indem wir die Achtsamkeit einsetzen, stärken wir den Teil in uns, der wach ist, beobachtet und alles akzeptiert, was im Moment geschieht. Achtsamkeit hat keine Präferenzen, ist bereitwillig offen und ehrlich, will nicht anders sein, als sie ist. Sie beobachtet, was vor sich geht. Es ist ihre Aufgabe, Notiz von der Erfahrung zu nehmen. Sie ist daraufhin ausgerichtet, die Frage zu beantworten, was im Fluß der Erfahrung aufeinander folgt.

Therapie unterscheidet sich von einem normalen Gespräch, das über die Erfahrung geführt wird. Manchmal sieht Therapie wie ein normales Gespräch aus, besonders, wenn der Therapeut nicht richtig ausgebildet ist. Dieses »Darüberreden« wirkt sehr oft trocken, unbefriedigend und unvollständig, da die Dinge, die angesprochen werden müssen, damit Veränderung stattfinden kann, meistens tiefer liegen als die Ebene unserer Sprache, mit deren Hilfe wir über sie reden. Die heute am weitesten entwickelten Therapieformen sprechen nicht mehr über die Erfahrung, sie sehen auch nicht mehr, wie viele Therapien in den letzten 30 Jahren, das Heil im direkten Erleben aller Gefühle, von Haß bis zur Ekstase. Heute studieren wir die Organisation der Erfahrung. Wir helfen als Therapeuten dem Klienten zu beobachten, wie er seine Wirklichkeit organisiert und sie verändern kann. In der Feldenkraisarbeit untersuchst du hochkonzentriert, sorgfältig und langsam, wie du deine Bewegungen organisierst. Bei der Methode des »Neuro-Linguistischen Programmierens« (NLP) geht es um die Organisation der Repräsentationen deiner Erfahrung. Psychotherapie geht vom bloßen Erleben und Ausdrücken der Emotionen ab – auch wenn das immer noch ein großer und wichtiger Bereich von Therapie bleibt – und wendet sich der Untersuchung dessen zu, wie solche Erfahrungen geschaffen und gehandhabt werden.

In der Hakomi-Therapie geht es darum, wie du deine Erfahrungen organisierst. Das bist du: deine Gewohnheiten und all die automatischen Verhaltensweisen, die deine Erfahrung erschaffen. So stehst du in Beziehung zu den vielen Bereichen. In einem normalen Gespräch hören wir gewöhnlich auf die Geschichte und nicht auf den, der uns die Geschichte erzählt. Umgekehrt in der Hakomi-Therapie: Wir lauschen dem Erzähler; denn er ist wirklich da, und er wird direkt von seinem Kernmaterial geformt. Das ist die Grundmethode der Hakomi-Therapie: zu untersuchen, wie du automatisch deine Erfahrung um zentrale und wichtige Fragen organisierst.

Hakomi nimmt als Methode und als Denkansatz auch an der gewaltigen Umwälzung des wissenschaftlichen Denkens unserer Tage teil. Neue Sichtweisen der Realität blühen in allen Bereichen, in der Physik, der Philosophie, Medizin, Psychologie, Ethnologie und sogar den Wirtschaftswissenschaften. Die Umwälzung ist noch nicht beendet, sie hat erst begonnen. Die alte Sichtweise repräsentiert immer noch das mächtigste und integrierteste Denksystem unserer Welt. Seine Grundlagen wurden von einer Handvoll fruchtbarer Denker der letzten Jahrhunderte gelegt, von Männern wie Descartes, Bacon und Newton. Den Mittelpunkt ihrer Vorstellung nimmt die auf die Ebene einer singulären Realität gehobene tote und unbeseelte Materie ein. Die Gesetze dieses Denkens sind die Gesetze, nach denen Materie ihre Position im Raum verändert. Es gibt keinen Geist und keinen Gott, nichts, was man Leben nennen könnte, nur die Bewegung eines unteilbaren festen Stoffs in einem unwissenden und gleichgültigen Universum. Es ist eine kalte Sichtweise, in der kein Platz für Bewußtsein und daher auch nicht für Gefühle, Geist oder eine Spur menschlicher Empfindsamkeit existiert. Dieses Realitätssystem erlaubt die Negation von Gefühlen in uns und anderen und führt zu der schrecklichen Vereinsamung des modernen Menschen.

Dieses Realitätssystem hat sein Ende erreicht, und wir können die neue Denkweise daran erkennen, wie sie sich von der alten Sicht unterscheidet. Viele Autoren haben sich mit diesem Paradigmenwechsel beschäftigt – unter anderem Ilja Prigogine, Morris Berman, Erich Jantsch, Gregory Bateson und Fritjof Capra. Im wesentlichen verweisen alle auf den Wechsel von der Vorstellung der Materie als der einzigen Realität zum Einschluß von Geist und Bewußtsein. Im Grunde genommen wird ein Wechsel von Isoliertheit und Unabhängigkeit zu Interdependenz und wechselseitigem Einfluß und Wissen um das andere vollzogen. Das Absolute bricht zugunsten von Vielseitigkeit und Unsicherheit zusammen.

Wenn die Psychotherapie an dieser neuen Sichtweise teilhaben will, muß sie sich völlig neue Prinzipien zu eigen machen. Sie muß klar zwischen belebten und unbelebten Systemen unterscheiden und die Vorstellungen von linearer Kausalität und Getrenntheit sowie äußerer Autorität fallen lassen. Denn lebende Systeme haben eine innere Autorität, große Empfindsamkeit, nehmen an der sie umgebenden Welt teil, sind bewußt und haben die Fähigkeit zum Wachstum und zur Ganzheit. Die Psychologie wird die Vorrangstellung von Geist, Information und Kommunikation anerkennen müssen.

All diese neuen Vorstellungen hatten einen prägenden Einfluß auf die Hakomi-Therapie. Du findest sie überall in diesem Buch, und du kannst erkennen, wie wir auf ihrer Grundlage denken und arbeiten. Ihr Wesen läßt sich am besten spüren, wenn du die kleinen Experimente und Übungen, die in diesem Buch vorge-

schlagen werden, mitmachst. Darüber hinaus erhältst du einen Einblick in die Art und Weise, wie du dich selbst organisierst. Und auf diesem Weg liegt der Schlüssel zu der Freiheit und dem Menschsein, das wir erreichen können.
Als Lehrer und Therapeut durfte ich vielen Menschen nahe sein. Wenn ich daran denke, wie Hakomi gewachsen ist, denke ich auch an viele liebe Gesichter. Zwei davon gehören Dyrian und Halko. Wir sind jetzt sechs Jahre zusammen, haben gemeinsam gelernt und gearbeitet, sind oft zusammen gereist und haben zusammen gelebt. Sie gehören zu meinen liebsten Begleitern auf dieser Lebensreise, und ich empfehle sie und ihr Buch voll Stolz und aus ganzem Herzen.

1. Kapitel

Was dein Körper weiß

Der lebendige Körper

Wer du bist, wird nicht allein durch dein Denken und Sprechen, sondern auch durch das Aussehen deines Körpers, sein Handeln und seine Bewegungen sichtbar. Und auch wenn die meisten Leute zumindest theoretisch zustimmen, daß Körper und Geist eine verbundene Einheit bilden, so ist das Bekenntnis zu dieser Vorstellung doch im allgemeinen bloß eine Mode. Wir haben unseren Körper vor langer Zeit seiner Eigenständigkeit beraubt. Der bekannte Naturforscher John Muir sagte einmal, daß man immer merkt, wenn man sich ein einzelnes Ding oder Stück heraussucht, daß ja auch noch das ganze Universum dranhängt. Aber wie oft erinnern wir uns schon daran – und das nicht nur auf einer abstrakt-theoretischen Ebene, sondern auf alltäglich-praktische Art –, wie alles miteinander verknüpft ist? Obwohl wir durchaus die verschiedenen Teile des Körpers einzeln ansprechen können – den Geist, die Seele oder die Gefühle –, so ist uns dies doch nur aufgrund des Luxus möglich, den uns die Sprache bietet. Es gibt nicht den geringsten biologischen Hinweis darauf, daß Körper und Geist in irgendeiner Weise getrennt sind.

Die Heilberufe liefern ein gutes Beispiel für diese Art des Denkens. Ärzte und Patienten neigen dazu, den »kranken Teil« zu behandeln. Wenn man Probleme mit seinem Herzen oder seinem Rücken hat, dann schenken wir diesen Bereichen Aufmerksamkeit. Aber wer denkt an den Lebensstil, der zu diesen Schwierigkeiten geführt hat? Und wo bleibt die Gesamtheit unseres Körpers und unseres Seins, das von diesem problematischen Zustand beeinflußt wird und ihn seinerseits beeinflußt?

Allzu oft vergessen wir diese Gesamtheit. Es ist nicht ungewöhnlich, wenn das Personal in einer Klinik von einem Patienten als »der Niere auf Zimmer 212« spricht – die gesamte Person wird so auf ein einziges Organ reduziert. Und selbst dann fragen wir noch immer nicht, warum gerade die Niere erkrankt ist, was uns der Umstand, daß gerade dieses Organ Schwierigkeiten macht, über den Patienten sagt. Wenn wir über die Niere sprechen und dabei die Person, zu der sie gehört, außer acht lassen, wird diese illusionäre Trennung verstärkt. In der Realität und in der Funktion existiert eine solche Spaltung nicht. Diese künstliche Unterscheidung zwischen Körper und Geist ist vielmehr ein Ausdruck der menschlichen Neigung, die Dinge zu trennen und zu sezieren, und sie entspricht nicht der wahren menschlichen Natur. Ein besonders eindrucksvolles Beispiel dieser Interaktion zwischen Körper und Geist lieferte eine unserer Klientinnen, eine reiche und sehr konservativ gesinnte 35jährige Frau: Während ihrer ersten sehr tiefgehenden außerehelichen Beziehung begann sie, die bis dahin völlig normal sehen konnte, Doppelbilder zu sehen. Ihr Konflikt sowohl auf geistiger wie auch körperlicher Ebene äußerte sich in »doppelter« Wahrnehmung.

Die meisten traditionellen Psychotherapien leisten der Verbindung von Körper und Geist Lippenbekenntnisse. Obwohl das allgemein Brauch ist, können wir nur schwer begreifen, warum ein Therapeut die unmittelbare körperliche Präsenz seines Klienten in einer psychotherapeutischen Situation nicht nutzt; denn der Körper ist da, er ist unmittelbar, kann immer angesprochen werden und drückt sich laufend aus. Die Forschung hat gezeigt, daß Emotionen überwiegend durch nicht-verbale (Körper-)Botschaften vermittelt werden. Das gesprochene Wort vermittelt faktische Inhalte, während alle Gefühle, die mit diesen Fakten verknüpft sind, durch die Art und Weise des Sprechens, durch die Körperhaltung, den Klang der Stimme, Betonung und Gesichtsausdruck ausgedrückt werden. Dies sind alles körperliche Ausdrucksformen. Deshalb ist es außerordentlich merkwürdig, daß die Psychotherapie, die sich auf den emotionalen Zustand des Menschen konzentriert, sich jene körperlichen Ausdrucksweisen so wenig zu nutze macht. In der Hakomi-Methode, wie auch in einigen anderen Therapieformen, lenken wir unsere Aufmerksamkeit auf die gesamte Person, was auch die körperliche Erfahrung und deren Ausdruck einschließt. Das bedeutet allerdings nicht, daß wir den physischen Aspekten größere Bedeutung zumessen als den mentalen. Wir beziehen einfach die körperliche Erfahrung aktiv ein, wann immer es angemessen ist. In der Hakomi-Methode verwenden wir die Berührung genauso häufig und leicht wie Worte und haben keine vorgefaßte Präferenz für das eine oder andere. Denn unser Ziel besteht darin, mit den Grundanschauungen des Klienten in Kontakt zu kommen, und die können wir entweder mit Worten oder mit Berührung erreichen.

Wenn der Körper spricht

> Hier aber, so scheint mir, liegt das Wesen der seelischen Erkrankung, daß die existentielle Einheit von Selbst und Körper gestört oder verlorengegangen ist.
>
> *(Petzold u. a., 1978, 275)*

Eine unserer Klientinnen beklagte sich über eine chronische Verspannung und Schmerzen in ihrem Unterkiefer, die so groß waren, daß ihre Lebensqualität ernsthaft darunter litt. Sie hatte sich unzähliger zahnärztlicher und kieferchirurgischer Maßnahmen unterworfen, um ihr Problem zu beheben. Keiner dieser Eingriffe konnte ihr Erleichterung verschaffen, sondern verstärkte im Gegenteil nur ihr schlechtes Befinden und ihren Schmerz. Zeitweise konnte sie ihren Mund nicht öffnen. Als wir in der Therapie dieses Phänomen gemeinsam erforschten, machte sie eine bemerkenswerte Entdeckung.

Ganz allgemein neigte sie zu Rückzug und Furcht vor dem Leben. Es fiel ihr äußerst schwer, zwischenmenschliche Beziehungen herzustellen, sie konnte noch niemals irgendeine dauerhafte tiefe Beziehung zu jemandem aufrechterhalten. Besonders

unangenehm war ihr die Vorstellung, von jemandem berührt zu werden. Bei unserem ersten Zusammentreffen sagte sie bei der Begrüßung, daß sich Händeschütteln für sie so anfühle, als berühre sie einen nassen Frosch. Obwohl sie sich nach Nähe sehnte und auf einer tieferen Ebene berührt werden wollte, sah sie sich außerstande, ihre Spannung und ihre Abneigung gegen das Berührtwerden zu überwinden. In einer der folgenden Therapiesitzungen begannen wir, die Bedeutung, die Berührung für sie hatte, zu erforschen. Mit ihrer Erlaubnis gestalteten wir das folgende »therapeutische Experiment«: Der Therapeut bat sie, ihre inneren Reaktionen zu beobachten, wenn er seine Hand langsam ihrem Knie näher brachte. Der Therapeut versicherte ihr, daß er sie nicht berühren, sondern nur seine Hand ihrem Knie nähern und kurz davor anhalten würde. Während sich die Hand langsam ihrem Knie näherte, erschien ein Ausdruck von Überraschung und Furcht auf ihrem Gesicht. Ihr Unterkiefer verspannte sich unbewußt und automatisch umso mehr, je näher die Hand kam, als hätte er ein Eigenleben. Die Verbindung zwischen ihren körperlichen Symptomen und ihrer geistigen Einstellung wurde in diesem Moment unleugbar deutlich.
Ihr Körper hatte eine klare, wortlose Antwort auf ihre Frage gegeben. Das ist die Eindringlichkeit einer körperlichen Reaktion: sie ist real, sie wird auf viszeraler Ebene gefühlt, auf der wir ohne Worte verstehen. Mit dem richtigen Gewahrsein und Sensitivität steht diese Art von verkörperlichter Information fortwährend zur Verfügung. Auch wenn es manchmal schwierig ist, die flüchtigen Botschaften des Körpers aufzunehmen, so ist es doch möglich – und zwar mit überraschender Leichtigkeit und Klarheit mit Hilfe der introspektiven Psychotherapie, die wir die Hakomi-Methode nennen.
Wir müssen lernen, wie wertvoll es ist, nach innen zu lauschen. Fast fortwährend und ausschließlich liegt unsere Aufmerksamkeit auf der Außenwelt mit ihren Fakten und Zahlen, und das hat irgendwie dazu geführt, daß wir unserem subjektiven inneren Wissen und unserer Intuition mißtrauen. Wir haben die Entwicklung unserer Sensitivität, unseres Bewußt-Seins und unserer

Wertschätzung der Feinheiten des Zusammenspiels von Körper und Geist vernachlässigt. Du kannst auf einer praktischen, alltäglichen Ebene lernen, den Körper als Quelle nützlicher Informationen zu verwenden. Wenn du zum Beispiel eine Weile nichts gegessen hast, könntest du mit deinem Magen konferieren, um herauszufinden, ob du hungrig bist, anstatt auf die Uhr zu schauen und festzustellen, daß Essenszeit ist, als ob du nach einer Art Fütterungsplan lebst.

Die Umwelt spiegelt sich im Körper

Im täglichen Leben steht der Körper in dauerndem Kontakt mit seiner Umgebung und reagiert sowohl auf innere als auch auf äußere Stimuli. Der Körper kann für solche Einflüsse besonders sensibel sein, die unserer mentalen Aufmerksamkeit entgehen. Einer unserer Klienten beschreibt das so:

> Wenn ich mich in einer Situation befinde, in der ich mich unsicher fühle, gibt mir gewöhnlich mein Körper das erste Zeichen. Selbst bevor ich mir meiner Unsicherheit bewußt werde, bemerke ich eine Empfindung in der Brustgegend. Ich kann nur schwer beschreiben, wie sie sich genau anfühlt. Es ist eine leichte, stechende merkwürdige Empfindung, die ich aber sofort identifizieren kann. Mein Körper weiß vor meinem Kopf, daß ich mich unsicher fühle.

Ärger ist zum Beispiel eine mentale und eine körperliche Erfahrung. Der Blutdruck verändert sich, das Blut wird aus den Eingeweiden und dem Verdauungssystem abgezogen, der Muskeltonus erhöht sich und bereitet den Körper für den physischen Ausdruck dieses Ärgers vor. Verdauung ist nicht so wichtig, wenn ein Kampf ansteht. Ähnlich reagiert der ganzheitliche Organismus auf jede Lebenssituation. Laß dir diese Botschaften aus dem Körper nicht einfach deshalb entgehen, weil du glaubst, daß nur der Geist logisch, vernünftig und einsichtig ist.

Dein Körper spiegelt deine gesammelte Lebenserfahrung. Wenn jemand das Gefühl hat, daß Arbeit und zwischenmenschliche Beziehungen eine Belastung darstellen, kann der Körper diese

Anschauung am drastischsten ausdrücken. Vielleicht hängen Kopf und Schultern nach unten, oder es fehlt Energie, vielleicht ist der Gang schleppend, oder die Augen sind gewohnheitsmäßig nach unten gerichtet. Kürzlich wurden in der Zeitschrift *Nature* die Forschungsergebnisse einer Gruppe von Psychologen veröffentlicht, die auf dem Gebiet der Verbindung von Körper und Geist arbeiteten. Sie ließen Schauspieler mit Hilfe der Gesichtsmuskulatur eine Reihe von Emotionen nachahmen. Sie fanden dabei heraus, daß das Nervensystem unterscheidbar und unterschiedlich auf diese nur zehn Sekunden lang gehaltenen Veränderungen der Gesichtsmuskulatur reagierte. Man stelle sich vor, welche Auswirkungen unsere lebenslang gehaltenen Spannungen auf das Nervensystem haben!

Je stärker eine Lebenserfahrung ist, desto deutlicher ist ihr Abdruck auf dem Körper. In seinem Buch »Ein spanisches Testament« beschreibt Arthur Koestler, wie ein Mensch durch lange Gefangenschaft geformt wird:

> ... dem Zuchthäusler bleibt nur eine Dimension der Entwicklung, die Verschlagenheit. Er kann sich in der sozialen Treibhausatmosphäre, in der er lebt, der fatalen Transformation seines Wesens nicht entziehen. Er fühlt seine Krallen wachsen; in seine Augen schleicht sich der scheugedrückte, frech-servile Blick. Seine Lippen werden schmal, scharf, mit blutlosen, schnuppernden Nüstern; die Knie knicken ein, die Arme werden lang, schlenkernd, gorillenhaft. Die Rassentheoretiker, die den Einfluß der Umwelt mit so schöner Ahnungslosigkeit leugnen, sollten ein Jahr im Zuchthaus verbringen und sich selbst täglich im Spiegel betrachten. (Koestler, 1979, 229)

Übung 1: Der Gang des anderen

Gehe ein Stück hinter einer anderen Person her. Beginne, den Gang dieser Person zu imitieren. Fang langsam an und füge ein Detail nach dem anderen hinzu. Beachte die Art und Weise, in der die Arme schwingen, kopiere den Rhythmus des Ganges, wie die Schultern gehalten werden, die gesamte Haltung und so weiter. Verbringe mindestens ein paar Minuten mit jedem Detail. Schließlich »sei« diese Person so gut es geht.

Es kann sich am Anfang etwas komisch anfühlen, wenn du den Gang eines anderen Menschen nachmachst. Aber da niemand genau darauf achtet, wie du gehst, wird auch keinem die Veränderung auffallen. Wenn du dich immer noch gehemmt fühlst, versuch es an einem verkehrsreichen Platz.
Du kannst dich auch mit einem Freund verabreden und hinter ihm oder ihr hergehen und den Gang imitieren, auf diese Weise könnt ihr eure Erfahrungen austauschen und Feedback erhalten.

Worauf du achten solltest
Achte darauf, was du erlebst, wenn du den Gang einer anderen Person nachahmst. Beachte, ob deine Gefühle beeinflußt werden, wenn du den anderen Gang »anprobierst«. Beobachte deinen Körper und nimm Spannungen, Entspannung und alle anderen Empfindungen wahr. Du wirst wahrscheinlich einen Eindruck davon bekommen, wie sich die andere Person fühlen und wie sie denken könnte. Du kannst sogar Vermutungen darüber anstellen, welcher Beruf und welche Art von zwischenmenschlichen Beziehungen mit diesem Gang einhergehen. Einige der Informationen aus dieser Übung sind überraschend genau, während andere einfach deiner Phantasie entspringen können.

Der Körper als Ausdruck mentalen Lebens

> Der Gedanke manifestiert sich als Wort
> Das Wort manifestiert sich als Tat
> die Tat wird zur Gewohnheit
> Und Gewohnheit verhärtet sich zum Charakter.
> *(Eine Sutra [Vers] aus den buddhistischen Lehren)*

Die Hakomi-Methode sieht Körper und Geist als ein »Beziehungsnetz«, in dem die einzelnen Teile und das Ganze untrennbar miteinander verwoben sind. Der Körper repräsentiert den äußeren Ausdruck dieses Gewebes von Körper und Geist. Und obwohl der Körper als doch starrer Ausdruck des inneren Geschehens erscheint, zeugt seine Formung von beachtlicher Plastizität. Die dauernde Interaktion zwischen der Umwelt und den inneren und äußeren Anforderungen hat einen lebenslangen Einfluß auf die Gestaltung des Körpers. Ron Kurtz, der Begründer der Hakomi-Methode, erklärt diese Verbindung zwischen Körper und Geist folgendermaßen:

> Der Körper mobilisiert sich, um den vom Geist strukturierten Situationen gerecht werden zu können. Auf diese Weise reflektiert der Körper das geistige Leben. Unser Verständnis, unsere Dispositionen, unsere Erwartungen und Pläne haben eine Auswirkung auf den Körper. (Kurtz, 1985, 230)

Die Interaktionen des Körperbewußtseins und der Holismus werden sicherlich noch einige Zeit entwickelt und kontrovers diskutiert werden. Obwohl der gesunde Menschenverstand es als naheliegend betrachtet, daß sich körperliche und mentale Zustände wechselseitig beeinflussen, läßt sich dies wissenschaftlich nur unter Schwierigkeiten untersuchen und beweisen. Ein Teil der Forschung hat hier allerdings Fortschritte zu verzeichnen.

Wir beginnen zu verstehen, wie emotionaler Ausdruck und Muskelspannung miteinander in Verbindung stehen. Forschungsarbeiten zeigen, daß die neuromuskuläre Aktivität Teil einer integrierten psychosomatischen Reaktion ist, die den Ausdruck einer bestimmten Emotion entweder fördern oder unterdrücken kann. Ärger zum Beispiel drückt sich anfänglich gewöhnlich in einem Zustand überhöhter muskulärer Anspannung aus und kann schließlich zur Entspannung führen, während ein entspannter Zustand den Ausdruck von Ärger hemmt.

Eine weitere allgemeine Erfahrung dieser Interaktion von Körper und Geist ist die Schreckreaktion, die unmittelbar darin besteht, einzuatmen und die Muskeln des Oberkörpers anzuspannen. Es sieht so aus, als ob sich die Person darauf vorbereitet, mit dieser unerwarteten Situation fertig zu werden, indem sie alle Kraft und alle Resourcen nach innen zieht und sich durch das Atmen/ Muskelanhalten vor überwältigenden oder »störenden« Emotionen schützt.

Alle diese körperlichen Vorgänge laufen blitzschnell ab und sind Teil einer komplexen integrierten Reaktion auf die Situation. Wenn jemand in Hochstimmung ist, wirkt sich das nicht nur auf die Gefühle aus, sondern auch auf den Gang, als wollte die Person vom Boden abheben. Man findet auch eine wahrnehmbare Verlagerung des Blickwinkels: Die Augen schauen nach oben. Für jedes einzelne Gefühl läßt sich ein bestimmtes mentales und körperliches Muster beobachten. Der Psychophysiologe McGuigan meint, daß die Forschungsergebnisse die Hypothese untermauern, daß wir mit unserem ganzen Körper denken.

Auch wenn bereits in geringem Umfang Forschungsarbeiten und in größerem Ausmaß klinische Beobachtungen zur Interaktion von Körper und Geist vorliegen, wird die präzise Formulierung all dieser Verbindungen noch in der Zukunft liegen. Dennoch reicht das gegenwärtige Wissen aus, um spezifische und effiziente Techniken zum Umgang mit dieser Interaktion von Körper und Geist zu entwickeln.

Die folgende einfache Übung kann uns diese Schnittstelle von Körper und Geist erleben lassen. Sie erinnert uns daran, daß eine der schwierigsten Aufgaben, die ein Säugling zu bewältigen hat, darin besteht, eine aufrechte Haltung zu entwickeln, die harmonisch mit der Schwerkraft ausbalanciert ist. Lao Tse sagt, daß die Schwerkraft die Wurzel der Anmut ist. Und doch finden sich in jedem Menschen mehr oder weniger stark ausgeprägte strukturelle Abweichungen; denn den meisten Menschen gelingt es nicht, den Körper harmonisch und effektiv in Reaktion auf die Schwerkraft zu organisieren. Das liegt daran, daß wir der Entwicklung effektiver Lebensbewältigungsstrategien, die sich auf die Körperhaltung auswirken, höhere Priorität einräumen als der harmonischen Anpassung an die Schwerkraft.

Übung 2: Frieden mit der Schwerkraft

Stelle dich möglichst nackt vor einen körperhohen Spiegel, entspanne dich, gewöhne dich an dein Spiegelbild, bis du dich natürlich und wohl fühlst. Sei neugierig auf das, was du sehen kannst. Nimm dir Zeit, alle Details vom Kopf bis zu den Zehen eingehend zu betrachten. Achte darauf, was verschoben, unproportioniert, asymmetrisch oder ungleichgewichtig zu sein scheint. Laß für den Moment die üblichen Schönheitsstandards und persönliche Wertungen beiseite und konzentriere dich auf die physische Struktur des Körpers vor dir. Versuche, eine nichtwertende Einstellung einzunehmen, eine Art innere Achtsamkeit, die auf deine gegenwärtige Erfahrung eingestellt ist. Bleibe auf diese innere Erfahrung eingestellt und führe eine kleine Veränderung deiner Haltung durch. Wenn dir dein Kopf zu weit vorgestreckt scheint, kannst du ihn ein klein wenig zurücknehmen. Wenn eine Schulter höher ist als die andere, kannst du sie ein wenig senken. Wenn das Becken gekippt ist, bring es in die Senkrechte. Wenn die Füße zu dicht beieinander stehen, stell sie ein bißchen auseinander. Führe diese Veränderungen einzeln nacheinander durch und mache genügend lange Pausen (zwei bis drei Minuten), um deine inneren Reaktionen auf die Haltungsänderung festzustellen, bevor du zur nächsten übergehst. Mach nur winzige und geringfügige Änderungen, um deinen Körper mehr in den Frieden mit der Schwerkraft zu bringen. Nimm dir Zeit, mach langsam und achte auf deine Reaktionen.

Worauf du achten solltest

Beim »Frieden mit der Schwerkraft« kannst du dich auf praktisch jeden Teil deines Körpers konzentrieren. Denke daran, deine Haltung langsam zu verändern, Schritt für Schritt und mit innerer Achtsamkeit. Äußerst geringe Veränderungen der Körperstruktur können Gefühle, Empfindungen oder unerwartete Einsichten hervorrufen. Zum Beispiel kann ein zur Seite geneigter Kopf zu dem Gefühl führen, der gesamte Körper neige sich zur Seite, oder es können Spannungen in den Beinen auftreten, die mit dem Nacken in Verbindung stehen, oder der Kopf kann sich anfühlen, als bräuchte er eine Schulter, an die er sich lehnen könnte. Eine festgehaltene oder eingesunkene Brust kann auf ein allgemeines Gefühl von Schwäche im ganzen Körper deuten, wogegen eine aufgeblasene Brust oft das Bedürfnis ausdrückt, mächtig oder in Kontrolle zu sein. Weit auseinandergestellte Füße können eine

Unsicherheit signalisieren, auf den eigenen Füßen zu stehen, während enggestellte Füße auf sexuelle oder sinnliche Zurückhaltung und Unterdrückung hinweisen können.
Der wesentliche Punkt bei dieser Übung besteht darin, achtsam zu sein, während du kleine körperliche Veränderungen durchführst und erfährst, welche Bedeutung sie für dich haben können.

Wir arbeiteten mit Steve, einem jungen Mann, der Schwierigkeiten mit emotionalen Beziehungen hatte. Wir beobachteten, daß sein Kopf und Kinn leicht vor dem Körper vorstanden. Diese Art von Verschiebung deutet oft auf eine Tendenz hin, der Welt »die Stirn zu bieten« und läßt sich manchmal bei Menschen beobachten, die den Intellekt betonen. Als wir seinen Kopf senkrecht über seinen Körper brachten (und so den Frieden mit der Schwerkraft herbeiführten), erlebte er, daß sich ein »Kanal« zwischen seinem Kopf und seinem Körper öffnete und so die Verbindung zwischen den beiden Teilen wiederherstellte. Im selben Moment überflutete ihn ein Strom lebendiger Erinnerungen und Gefühle aus seiner Vergangenheit. Diese Erfahrung half Steve, sich darauf zu besinnen, wie er sich gewöhnlich von seinem Erleben dadurch abschnitt, daß er seinen Intellekt höher schätzte als seine Gefühle.

Dein Standort in der Welt

Jedes Individuum entwickelt eine spezifische und besondere Lebensweise. Dieser Standort im Leben entwickelt sich aus einer komplexen Interaktion von Lebenserfahrungen, innerem Potential und Dispositionen. Dieser grundlegende Standpunkt beeinflußt jeden Aspekt deines Lebens: die Entscheidung, welche Partner du attraktiv findest und welche abstoßend, was du liest, welche Musik du magst, usw. Dieser geistige Standort übersetzt sich auch körperlich z. B. darauf, wie du buchstäblich auf deinen Füßen stehst. Vielleicht hat deine Persönlichkeit wenig oder gar nichts mit deiner Körpergröße zu tun, aber psychologische Faktoren können bestimmen, wie die Körperstruktur im wahrsten Sinne des Wortes gehalten wird. Der Geist formt den Körper durch die grundlegenden Werte und Anschauungen, die dir zu eigen sind. Dies ist besonders bei starken und kompromißlosen Einstellungen, Überzeugungen und Gewohnheiten deutlich. Die geistige Unbeugsamkeit übersetzt sich in körperliche Rigidität. Wenn ein Individuum der Welt wiederholt im selben Stil begegnet, dann wird sein gesamtes Wesen – Körper und Geist – von diesem Stil beeinflußt. Wenn zum Beispiel meine Haltung anderen Menschen gegenüber darin besteht, vorsichtig zu sein und mich nicht zu sehr zu exponieren, dann werde ich mich körperlich und geistig zurücknehmen. Die Muskeln um meine Brust und in der Magengegend können angespannt sein, während gleichzeitig eine distanzierte geistige Einstellung vorherrscht. Sobald so eine Gewohnheit (auf andere Leute mit Vorsicht und Distanz zu reagieren) geschaffen ist, werden bestimmte Muskelgruppen als Teil dieser Einstellung chronisch verspannt. Wenn bestimmte Muskeln wiederholt im Einklang mit geistigen und emotionalen Mustern mobilisiert werden, formen sie sich zu einer orchestrierten einheitlichen Reaktion, und es wird von Mal zu Mal schwieriger, die so gebildeten Muster und Gewohnheiten zu verändern.

Übung 3: Eine Einstellung »anprobieren«

Stehe oder sitze bequem. Schließe deine Augen und entwickele einen Zustand von innerer Achtsamkeit und Ruhe. Nimm dir Zeit, dich wohl zu fühlen. Achte auf deinen Körper und Muskeltonus. Experimentiere damit, was passiert, wenn du eine bestimmte Einstellung »anprobierst«. Anprobieren bedeutet, eine Erfahrung im Hier und Jetzt zu erfahren. Gleichzeitig beobachte, wie dein Körper reagiert, ob sich an einigen Stellen deine Muskeln anspannen oder loslassen. Nimm deine körperliche Antwort wahr. Probiere Einstellungen wie »Das Leben ist großartig«, »Es ist alles meine Schuld«, »Ich kann es schaffen«, »Alles ist außer Kontrolle«, usw. Nimm eine Einstellung nach der anderen und laß dir etwa drei Minuten Zeit, diese Einstellung

»zu werden«. Dann beobachte deine emotionale und körperliche Reaktion.

Worauf du achten solltest
Achte auf deine Gesamtreaktion. Nimm wahr, was sich bekannt anfühlt. Achte darauf, wie dein Körper auf bestimmte Einstellungen reagiert und wie sich die Muskeln anpassen, wenn du eine Einstellung losläßt. Nimm wahr, wie du dich körperlich und emotional veränderst, wenn du in die Einstellung hineingehst, und achte auf die Veränderungen, wenn du dich in dein altes Selbst zurückbegibst. Beobachte auch, ob bestimmte Körperteile sich besonders gegen die Einstellung wehren oder sie leicht annehmen.

Der Körper als Mittel zum Verstehen

> Die wirkliche Entdeckungsreise besteht nicht im Besuch neuer Länder, sondern im Erwerb neuer Augen.
>
> *Marcel Proust.*

Bewegung ist Ausdruck. Selbst die kleinste Bewegung ist mit großer Wahrscheinlichkeit Träger einer Bedeutung. In einer Therapiesitzung bemerkten wir, daß die Klientin beim Sprechen ihre Augenbraue um eine Winzigkeit hob. Als der Therapeut die Aufmerksamkeit der Klientin auf diese fast nicht wahrnehmbare Bewegung lenkte, wurde sie neugierig. Um die Bedeutung herauszufinden, hielt der Therapeut ihre Augenbraue mit dem Finger fest (diese Technik nennen wir in der Hakomi-Methode »Blockierung«), während sie weitersprach und gleichzeitig versuchte, ihre Augenbraue in der üblichen Form zu heben. Sie wurde gewahr, wie die festgehaltene Braue ihren kritischen Teil frustrierte, und es wurde offensichtlich, daß sie jedesmal die Augenbraue hob, wenn sie etwas sagte, dem sie kritisch oder zynisch gegenüber stand. Das war ihre Art, eine Aussage anzuzweifeln und sich von den Worten zu distanzieren, ohne sich dessen bewußt zu werden. Durch die Erforschung dieser Verbindung zwischen der Augenbraue und der Bewegung wurde sie sich ihrer kritischen Seite bewußt, und wie diese ihr alltägliches Leben beeinflußte. Durch die gezielte Konzentration auf diese körperlichen Ausdrucksformen können die Kernüberzeugungen und Anschauungen, die damit verbunden sind, entdeckt werden. Das ist durch den Körper ausgedrücktes mentales Leben. Man braucht nur den fortwährend sich ändernden Signalen von Haltung, Gestik, Klang der Stimme, Mimik, Hautfarbe, Augen usw. die richtige Aufmerksamkeit zu schenken.

Übung 4: Gewohnheiten durchbrechen
Werde dir einer wiederholten, automatischen Gewohnheit bewußt, oder bitte einen Freund, dir eine solche Gewohnheit an dir zu nennen. Das könnte das Heben einer Augenbraue, Nägelkauen, ein unangemessenes Lächeln oder ähnliches sein. Wenn du das nächste Mal merkst, daß diese Gewohnheit wieder auftritt, dann tu eines der drei folgenden Dinge: (1) Laß es nicht zu, (2) übertreibe es und (3) tu es in Zeitlupe. Allgemein gesagt, tu mehr oder weniger als dein übliches Muster und beobachte deine Reaktionen darauf.

Worauf du achten solltest
Beobachte deine Reaktion auf die Veränderung. Achte darauf, wie schwer oder wie leicht es dir fällt, die Änderung vorzunehmen. Welche Muskeln spielen dabei mit? Wie fühlt es sich an? Sind dir andere Empfindungen bewußt? Laß dir von deinem Körper einen Hinweis darauf geben, was die Bedeutung dieser Gewohnheit sein könnte. Denke nicht über die Lösung nach oder analysiere das Problem. Wenn dir keine Erinnerung oder Bedeutung in Verbindung mit der Änderung einfällt, laß es einfach sein. Du kannst immer wieder darauf zurückkommen. Erfahrungen dieser Art können nicht erzwungen werden. Du kannst die Bedeutung höchstens ins Bewußtsein locken.

Körper und Psyche

Cäsars Mißtrauen dem »mageren und hungrigen Gesicht« des Cassius gegenüber ist wohlbekannt. Heute wissen wir, daß seine Intuition wohlbegründet war. Obwohl die Ausdruckspsychologie – die Psychologie des Körpers – schon immer populär war, wurde dieser Ansatz erst zu Beginn dieses Jahrhunderts wissenschaftlich bearbeitet. Seitdem wurden eine Reihe von Typologien entwickelt. William Sheldon z. B., dessen Arbeit einen – allerdings beschränkten – Einfluß auf die Hakomi-Methode hat, ist ein typischer Vertreter dieser Konstitutionsforschung. Er maß die körperliche Struktur von mehr als 45000 Menschen und setzte die physischen und psychischen Aspekte miteinander in Verbindung. Er beschrieb drei Somatotypen (Körpertypen), nämlich den Endo-, Ekto- und Mesomorphen Typ, und stellte (drastisch gekürzt und generalisierend) folgende Korrelationen fest: Der (dicke) Endomorphe ist gesellig und entspannt, der (schlanke) Ektomorphe ist ungesellig und überempfindlich, und der (muskulöse) Mesomorphe ist leistungsorientiert und energisch.

Während Sheldon vom Körper ausging und dann nach psychischen Korrelaten zur physischen Struktur suchte, ging eine Reihe von Klinikern den umgekehrten Weg. Therapeuten wie Wilhelm Reich, Alexander Lowen, Stanley Keleman und Ron Kurtz setzten die psychische Befindlichkeit ihrer Klienten mit deren Körperstruktur in Verbindung. Die Hakomi-Methode war ursprünglich stark von der Charaktertheorie Wilhelm Reichs beeinflußt, der die physische und psychologische Interaktion von Charakter und Körperpanzerung weitgehend erforscht und beschrieben hat.

Reich stellte fest, daß Fehlanpassungen des Individuums zur Rigidität (somatischen Mustern) im Körper führen und diese körperliche Rigidität gleichzeitig mit den psychologischen Anpassungen freigesetzt werden muß, wenn dem Menschen geholfen werden soll. Er hielt die muskuläre Rigidität für den körperlichen Ausdruck des inneren Konflikts, und solange die Muskelstruktur unverändert blieb, war auch der innere Konflikt festgefroren.

Anpassung an die Umwelt

Jeder lebende Organismus muß sich an seine Umwelt anpassen können, oder er stirbt. In Anbetracht der Tatsache, daß der Mensch praktisch jedes Fleckchen Erde bewohnt, müssen wir seine Anpassungsfähigkeit bewundern. In vielerlei Hinsicht scheint Anpassungsfähigkeit das Wahrzeichen der Natur zu sein. Alle Pflanzen und Tiere passen sich ihrer Umgebung an. Daher gibt es so viele verschiedene Formen und Funktionen. Allerdings wachsen einige Bäume nur in den Tropen, andere wiederum nur in großen und kalten Höhen, wieder andere nur in Wüstengegenden. Doch der Mensch bewohnt alle diese Orte, von den Tropen bis zur Arktis, und vom Flachland bis zu den höchsten Gebirgen. Somit gehört der Mensch sicherlich zu den anpassungsfähigsten Lebewesen der Welt. Über Generationen haben sich die Bewohner einer bestimmten Umgebung angepaßt. Zum Beispiel ist das Gesicht der Eskimos in einzigartiger Weise für die arktischen Gegebenheiten geeignet. Gesicht und Nase sind flach und besitzen eine extra Fettschicht, um die Gefahr von Erfrierungen herabzusetzen. Die geschlitzten Augen schützen gegen die grelle Helligkeit. Die Körperstruktur ist kompakt und gedrungen (besonders im Vergleich mit z. B. den langen Watusi im tropischen Afrika), damit die Körperwärme in der Kälte besser gespeichert wird. Die Watusi dagegen müssen so groß sein, damit sie eine größere Hautoberfläche zum Schwitzen haben. Auf diese Weise kann die Umwelt relativ überdauernd auf den menschlichen Körper Einfluß nehmen.

Im Gegensatz dazu haben die kurzlebigen Emotionen nur einen vorübergehenden Effekt auf den Körper. Eine fröhliche oder traurige Stimmung drückt sich zwar deutlich körperlich aus, hat aber nur wenig dauernde Auswirkung, es sei denn, dasselbe Muster wird oft wiederholt.

Wenn wir einen Körper auf seine psychologischen Informationen hin betrachten, suchen wir nach Mustern, die weniger tief eingegraben sind als die kollektiven umweltbedingten Anpassungen und die deutlichere Spuren hinterlassen haben als die flüchtigen

Gefühle. Denn der individuelle Charakter ist am sichtbarsten in den individuellen, repetitiven Mustern der psychischen und physischen Anpassung an die individuelle Lebenssituation.

Körpersprache

Die Ableitung psychologischer Informationen aus der Körperstruktur hat sich zu einer eigenständigen Spezialwissenschaft entwickelt. Die Haltung, die Proportionen, die verschiedenen Muskelspannungen, der allgemeine Körpertonus, die Art, wie sich der Körper bewegt und gehalten wird, drücken verschiedene Aspekte von Charakter aus. Alexander Lowen, einer der Pioniere auf diesem Gebiet, beschreibt das so:

> Weil wir unsere Persönlichkeit oder unseren Charakter in jeder Handlung und in jeder Haltung ausdrücken, wird es möglich, aus so verschiedenen Ausdrucksformen wie der Handschrift, dem Gang eines Menschen usw. Charakterzüge zu erschließen. ... Am wichtigsten ist jedoch die körperliche Erscheinung in der Ruhestellung und in der Bewegung. Keine Worte sind so klar wie die Sprache des Körperausdrucks, wenn man erst einmal gelernt hat, sie zu verstehen. (Lowen, 1981, 124f.)

Unsere Anschauungen und unsere Persönlichkeit wird durch das flexible Medium unseres Körpers ausgedrückt. Wenn daher ein Therapeut geschickt genug ist, eröffnet sich ihm in der ersten Begegnung bereits ein direkter Zugang zum Klienten. Der Charakter ist die physische und geistige Repräsentation der Art und Weise, in der wir auf die Welt reagieren. Er wird unserem Körper durch eine Reihe chronischer, im allgemeinen unbewußter Muskelverspannungen eingeschrieben. Diese Haltungsmuster entwickeln selbsterhaltende Mechanismen, so daß sie jedesmal, wenn sie in Aktion treten, sich selbst verstärken und kräftigen. Diese selbstverstärkenden chronischen Muskelspannungen ergeben die sichtbare körperliche Charakterstruktur.

Unser Charakter

Wir können mit etwas Überlegung leicht feststellen, was an unserer Familie und unseren Freunden charakteristisch ist. Alle haben etwas Eigen- und Einzigartiges, an dem wir sie erkennen können. Dieses »Etwas« kann in einer bestimmten Kopfbewegung bestehen, einer Geste, Pausen beim Sprechen, einer bestimmten Art zu gehen, zu denken und sich zu kleiden. Es ist ein Ausdruck ihres Charakters.

Charakter ist ein Bündel dieser grundlegenden Eigenheiten und Muster, die die Individualität und Persönlichkeit eines Menschen ausmachen. Er bestimmt, wie wir der Welt begegnen, und weil dieses Muster ziemlich leicht vorherzusagen ist, wirkt es auch einengend. Wann immer ein Mensch gewohnheitsmäßig eine bestimmte Handlungsweise gegenüber anderen Möglichkeiten bevorzugt, wird er auf diese eine Handlungsweise eingeschränkt. Aus diesem Grunde werden Charaktermuster, die sich sowohl körperlich als auch geistig äußern, oft Charakterpanzer genannt. Gleichzeitig dient dieser Panzer als Schutz, da er dem Individuum Frustration und Leid erspart.

Die Einengung oder Kontrolle muß nun keineswegs als Fehlanpassung gesehen werden, ganz im Gegenteil. Wenn zum Beispiel ein Kind fortwährend für etwas außerhalb seiner Kontrolle gescholten oder verantwortlich gemacht wird, kann das Kind lernen, nicht oder nur selektiv zuzuhören. Diese Fähigkeit kann die Entwicklung des Kindes sehr unterstützen, zumindest solange es widersprüchliche und paradoxe Botschaften bezüglich der Verantwortungsübernahme erhält. Es wird allerdings wahrscheinlich im späteren Leben ein Zeitpunkt kommen, wo sich diese Charaktereigenschaft ungünstig auswirkt (vielleicht wird das Zuhören selbst dann unmöglich, wenn man zuhören möchte). So wird eine Charaktereigenschaft geformt, die zunächst im besten Interesse des Individuums liegt, später aber den vollen Selbstausdruck und das Wachstum behindert. Einfach gesagt formen wir den Charakter, indem wir sowohl unser Denken als auch unseren muskulären Ausdruck einschränken. Die gleichzeitige physische

und geistige Einengung ist sowohl hilfreich wie auch einschränkend.
Jeder Mensch besitzt sein ureigenstes Überzeugungssystem und seine ureigenste Persönlichkeit, die aus seinem Leben, seinen Erfahrungen und den daraus abgeleiteten Eindrücken resultieren. Charakter ist das unausweichliche Ergebnis von Leben, Interaktionen und Erfahrungen. Aber selbst auf einer elementareren Ebene könnten wir im alltäglichen Leben nicht ohne unsere persönlichen Gewohnheiten funktionieren. Selbst bei so grundlegenden Handlungen wie gehen, sich unterhalten, essen usw. verlassen wir uns auf unsere Gewohnheiten. Daher ist Charakter nicht nur ein unausweichliches Ergebnis unseres Lebens, sondern auch eine notwendige Bedingung unseres Überlebens und Funktionierens.
Ein weiterer Zweck unseres persönlichen Verhaltensstils besteht darin, unsere Erfahrungen und die Welt zu ordnen, so daß wir sie verstehen können. Menschen sind fortwährend mit dieser »sinnfüllenden« Tätigkeit beschäftigt. Forschung über die kognitiven Ordnungs- und Filterprozesse hat bestätigt, daß unsere Erwartungen und Präferenzen zu einem großen Teil unsere Wahrnehmung der Welt bestimmen. Dieser Vorgang spiegelt den allgemein menschlichen Drang zur Schaffung eines relativ vorhersehbaren und sicheren Lebens.
Die relative Sicherheit, die uns unser Charakter verschafft, engt gleichzeitig unsere Erfahrungsbreite ein. Denn wenn ich z. B. auf eine charakteristische Art schwimme, gleich ob ich mich in einem Ozean, einem See, in ruhigem oder bewegtem Wasser, auf einer langen oder kurzen Strecke befinde, dann werde ich früher oder später uneffektiv schwimmen, da kein Schwimmstil auf alle Situationen paßt. Wenn ich »charakteristischerweise« nur einen Stil verwende, bin ich gehandicapt. Diese Art von Einengung legt mir auch die Persönlichkeit auf. Einen Charakter zu haben bedingt notwendigerweise eine Beschränkung deiner Flexibilität, denn er enthält eine Definition des »Selbst« und setzt Grenzen. Dein persönlicher Stil wird durch die Beschränkung deines Potentials geschaffen. Durch die Beschränkung des Potentials

lernst du, eine bestimmte Zahl von Dingen ganz gut und viele davon so gut zu machen, daß du sie automatisch tun kannst (z. B. Schuhe binden, Bremsen bei Rotlicht usw.). Das spart dir eine Menge Zeit und Anstrengung im täglichen Leben. Aber genauso oft beschränkt es dich auf eine Standardreaktion, die nicht immer auf die sich ändernde Realität des Lebens paßt.

Entdecke deinen Charakter!

Vieles von dem, was an dir charakteristisch ist, ist auch unbewußt und automatisch. Deshalb ist es im Grunde unmöglich, diese Muster durch reines Nachdenken herauszufinden. Du mußt mit einer Bewußtseinsebene in Verbindung treten, die Zugang zu diesen entscheidenden Informationen hat. Um deinem Charakter zu begegnen, mußt du das Unbewußte berühren. Auf diesen unbewußten Ebenen befinden sich die Abbildungen und Anschauungen, die deine grundlegenden Verhaltensmuster regulieren. Diese außerhalb der gewöhnlichen Wahrnehmung aufbewahrte »Landkarte« deiner Persönlichkeit strukturiert die alltägliche Wahrnehmung und Erfahrung.

Die Projektion dieses »Negativs« ist deine Persönlichkeit in Aktion. Denn im wahrhaftigsten Sinne ist Charakter ein Akt, ein Schauspiel. Es ist eine Rolle, in die wir schlüpfen und die wir dann vergessen. Wie jeder gute Charakterdarsteller auf der Bühne *bist* du die Rolle, solange du sie spielst. Da du diese Persönlichkeit auf der Bühne des Alltags spielst, kannst du nur zu leicht vergessen, daß eine essentiellere Menschlichkeit und ein Selbst existieren, die in dem Spiel oft überhaupt nicht sichtbar werden.

Man kann das Leben als einen großen Maskenball betrachten. Was können wir doch mit unserer Persönlichkeit für ein Spiel liefern, und wieviel Spaß könnten wir damit haben! Das Problem ist nur, daß die Maske oft am Gesicht festklebt und das Fest langweilig wird. Wir hatten eine Klientin, die immer wieder erwähnte, was für eine bestimmte »Maske« sie heute anhatte. Sie wußte zwar, daß sie laufend ihr »Kostüm« wechselte, fühlte sich aber nicht in der Lage, das zu regulieren oder zu kontrollieren. So können wir entweder mit viel Freude den Auftritt unseres Lebens haben oder es zu einem lebenslangen Schauspiel voll Anstrengung und Frustration kommen lassen.

Im wesentlichen ist die Persönlichkeit eine notwendige Ansammlung persönlicher Gewohnheiten, aber sie ist nicht *du,* das Wesentliche. Denn wir alle kennen Momente von Nähe und Intimität, in denen wir die Maske fallen lassen. Und wer hat nicht die Zeiten genossen, in denen alles ganz kongruent und in Harmonie mit dem Selbst und der Umgebung schien? In solchen Augenblicken sind wir am empfänglichsten und offen, mitfühlend und ohne Leistungsdenken. In diesen Augenblicken fließt das Leben mit natürlicher Leichtigkeit. Dann sind wir am wenigsten in unserer Rolle. Wenn die Einschränkung des üblichen Musters beseitigt ist, sind wir bereit zur Veränderung, wir können uns leichter durchs Leben bewegen, und sind stärker im Einklang mit unserer Menschlichkeit, die uns alle miteinander verbindet.

Die individuelle Persönlichkeit drückt das Getrenntsein und die Unterschiedlichkeit aus, die wir im Leben brauchen, während das Kernselbst die Beziehung und das Verbundensein bestätigt, das wir anstreben können. Obwohl diese Ansammlung von Mustern, Einstellungen und Gewohnheiten als Filter und Decke dient, die das Selbst unzugänglich machen, ist es doch niemals vollständig maskiert. Und selbst Momentaufnahmen der Welt ohne unsere üblichen Beschränkungen erinnern uns eindringlich an unser menschliches Potential. Charakter definiert dich und ist eine notwendige Bedingung für effektives Funktionieren im Alltagsleben, und gleichzeitig trennt er dich vom Fluß des Lebens. Unserer Meinung nach ist diese Illusion, daß wir separat seien, am schwersten aufzugeben. Dein Kern, dein Selbst, deine wesentliche Menschlichkeit oder wie immer du diese Essenz deiner selbst nennen willst, bindet dich an den Rest der Menschheit. Sie bestätigt dein Menschsein und deine Ganzheit und ist mit der grundlegenden Einheit alles Lebendigen verbunden.

Wie der Charakter entsteht

Die Grundlage für den Charakter wird in den ersten Lebensjahren gelegt. Eine Kombination äußerer und innerer Umstände disponiert Individuen für bestimmte Charakterstile. Genetische und Stoffwechselfaktoren sind ebenso einflußreich wie psychologische Umstände. Wenn ein Kind genetisch zu hoher Aktivität disponiert ist, wird es wahrscheinlich einen Charakterstil mit einem hohen Aktivitätsniveau entwickeln. Abhängig vom Familienklima kann diese Disposition zur Aktivität auf vielfältige Weise ihren Ausdruck finden.

Ein wesentlicher Faktor in der Charakterentwicklung ist die spezifische Beziehung zur Mutterfigur. Diese Mutterfigur, die zu Beginn fast immer die biologische Mutter ist, hat den häufigsten und intimsten Kontakt zum Kind. Daher übt sie auf die frühe Entwicklung des Kindes den stärksten Einfluß aus. Wenn zum Beispiel ein Kind seine Mutter als nachlässig erlebt, dann wird es sich wahrscheinlich in eine Welt hineingeboren fühlen, in der nicht richtig für es gesorgt wird; denn in vielerlei Beziehung *ist* die Mutter zu dieser Zeit für das Kind die Welt. Das Kind wird sich in der für es am sichersten und effektivsten erscheinenden Weise an diese Welt anpassen, und unter den gegebenen Umständen könnte diese Anpassung tatsächlich die bestmögliche Antwort sein. Wenn du immer bestraft wirst, wenn du zu Hause die Wahrheit über das erzählst, was du »getan« hast, dann wird es nicht lange dauern, bis du die Wahrheit »anpaßt«, um Bestrafung zu vermeiden. So werden die Samen für Verhalten und Eigenschaften gelegt, die in einen Charakterstil wachsen. Wenn sich eine Strategie als nützlich erweist, wird sie zur Gewohnheit. Es wird ein Grundstein gelegt, der, wenn er nicht erneuert wird, ein ganzes Leben lang halten muß, um die ganze Feinstruktur des Persönlichkeitsbaus zu tragen, der über ihm errichtet wird. Charakter ist ein Teil des Lebens, und beide entwickeln sich unablässig. Die Muster sind sicherlich vorgeformt, aber sie sind nicht unveränderlich; denn Menschen sind erstaunlich flexibel. In der Hakomi-Therapie zapfen wir dieses Veränderungspotential an, um neue Optionen für ein erfüllteres und befriedigenderes Leben zu entwickeln. Unser Bestreben ist, über die Standardmuster hinauszugehen und neue Optionen zu entwickeln, die bessere Antworten auf die Anforderungen des Lebens geben.

Übung 5: Spiegeln

Partnerübung

1. Macht aus, wer Erfahrender (E) und wer Begleiter/Helfer (B) ist. Stellt euch mit geschlossenen Augen gegenüber auf. Nehmt euch ca. 1 Minute Zeit, *innerlich achtsam* zu werden.
2. E beginnt nun, B zu schildern, wie sich ihr/sein Körper von innen anfühlt, und zwar systematisch von den Fußsohlen bis zu den Haarwurzeln. Diese Schilderung sollte konkret und genau sein (z. B. »... mehr Druck auf dem linken Fuß, der große Zeh angespannt, ... die Außenseite mehr belastet als die Innenseite ...« usw.).
3. B kopiert das Geschilderte in seinem Körper. Er kann nachfragen, zurückgehen usw. (aber alles die ganze Zeit mit geschlossenen Augen), bis er eine Vorstellung/Gefühl für die innere Erfahrung von E gewinnt. B sollte aufpassen, alle Einzelheiten nur sehr leicht kopieren. Extreme Stellungen und Spannungen sollten vermieden werden.
Nehmt euch dafür etwa 15 bis 20 Minuten.
4. B stellt sich vor, wie es wäre, in diesem Körper zu leben. Er schildert E, in was für einer Welt er wäre, was für Gefühle er hätte, was für Probleme usw., wenn sein Körper so wäre, wie er sich im Moment anfühlt. B kann seiner Intuition freien Lauf lassen. Er braucht nichts »Richtiges« herauszufinden. Wenn E möchte, kann er genaue Fragen dazu stellen.
5. Anschließend unterhaltet euch (unter Führung von E) darüber, was das mit dem Leben von E zu tun haben könnte.

Verschiedene Charakterstile

> Um in der Welt zu leben, setzen wir Masken auf und gehen hinter ihnen verloren. Und während wir damit beschäftigt sind, in der Welt zu leben, können wir sie nicht ablegen.
>
> *(Kurtz, 1985, 31)*

Unsere Kreativität im Umgang mit dem Leben leidet sehr, wenn wir unter Streß stehen. Je mehr wir uns mit dem Rücken an der Wand fühlen, desto radikaler und stärker werden unsere Reaktionen von grundlegenden Impulsen bestimmt. In den bedrohlichsten Situationen – körperlich oder emotional – zeigen sich die Grundlagen unserer Verhaltensmuster. Wenn der Charakter unter Streß gerät, sehen wir ihn am deutlichsten.

Die verschiedenen Charakterkomponenten unterscheiden sich bei den einzelnen Individuen ganz offensichtlich. Wir haben uns ein verblüffendes Sammelsurium ganz unterschiedlicher Verhaltensweisen, Präferenzen, Bedürfnisse usw. einverleibt, die uns komplexe und scheinbar widersprüchliche Wesen ausmachen. Daher haben die Menschen keinen klaren und stets verläßlichen persönlichen Verhaltensstil, sondern ein ganzes Bündel von Bewältigungsmechanismen. Es ist wichtig, sich an diesen Punkt zu erinnern, wenn wir die einzelnen charakteristischen Strategien besprechen.

In unserer klinischen Arbeit finden wir es hilfreich, bestimmte Strategien zu Charakterstilen zusammenzufassen, wenn sie gewisse grundlegende Gemeinsamkeiten haben. So schaffen wir eine Karte, um eine allgemeine Vorstellung von dem Gelände zu haben, in das wir unsere innere Expedition unternehmen. Wir stülpen diese Karte der Realität über, und sie hilft schon beim Verständnis von Grundmustern einer Person. Sie kann allerdings niemals die Komplexität des fortlaufenden lebendigen Prozesses eines Individuums erklären oder ihr gerecht werden. Wenn wir einen Menschen vollständig erklären wollten, bräuchten wir für jedes Individuum eine eigene Theorie. Und im fortlaufenden therapeutischen Prozeß formuliert der Therapeut tatsächlich ein unterschiedliches und in gewisser Weise einzigartiges Verständnis des einzelnen Klienten. Das dauert allerdings seine Zeit. Um einen oberflächlichen, vorläufigen Eindruck von einem Klienten zu gewinnen, beobachten wir sowohl die körperlichen wie auch die mentalen/emotionalen Muster, um den dominierenden Charakterstil dieser Person zu erfassen. Wir verwenden diese Information dann dazu, unsere therapeutische Arbeit präziser zu gestalten.

Unser Verständnis von Charakterstrategien fußt auf dem Werk von Ron Kurtz, der die zuvor separat existierenden Systeme von Wilhelm Reich, Alexander Lowen und anderen integrierte und diese Synthese mit eigenen Einsichten und Erfahrungen erweiterte.

Charakterentwicklung wird oft in Beziehung zu den Entwicklungsphasen beschrieben, die ein Kind in seinen ersten Lebensjahren durchläuft. Die Bewältigung der Herausforderungen, die uns in diesen Phasen gestellt werden, läßt uns zu Erwachsenen werden, die genügend Erfahrung und Verständnis gesammelt haben, um mit dem inneren Leben und den sozialen Beziehungen auf befriedigende Weise umzugehen. Natürlich entwickelt niemand sein ganzes Potential vollständig – das bleibt ein theoretisches, nie erreichbares Ideal. Wir glänzen in manchen Bereichen, in anderen sind wir weniger erfolgreich als andere. Einige der entwicklungsmäßigen Herausforderungen bestehen wir mit Bravour, während wir andere niemals ganz auflösen. Gewöhnlich stellten uns die ungelösten Aufgaben vor die größeren Schwierigkeiten (sonst hätten wir sie wohl bewältigt), und daher haben sie eine ebenso deutliche Spur in uns hinterlassen wie die positiven Erfahrungen. Dies sind die Spuren, die in unserer Physis und unserer Persönlichkeit zu Tage treten.

Bei der Besprechung der verschiedenen Charakterstile ist es wichtig daran zu denken, daß niemand jemals einen dieser Verhaltensstile exklusiv übernimmt. Im allgemeinen existiert ein grundlegendes Muster, das unter starkem Streß hervortritt, aber selten, wenn überhaupt, die gesamte Persönlichkeit umfaßt. Wir alle verwenden, abhängig von den Erfordernissen der jeweili-

gen Situation und den inneren Ressourcen, die uns in dem Moment zur Verfügung stehen, eine Vielzahl von Strategien.
Wir möchten eine letzte Warnung hinzufügen. Wir beschreiben die Charakterstile nicht, um Menschen zu kategorisieren, sondern um die Auffindung individueller Lebensmuster zu erleichtern. Wenn wir diese Information dazu verwenden, Menschen zu kategorisieren und zu etikettieren, schaffen wir nur Distanz und Trennung. Wir empfehlen, diese Information dazu zu verwenden, Menschen besser kennenzulernen, um sie besser verstehen zu können. Verwende dieses Wissen, um Menschen näherzukommen, sie in die Arme zu schließen, und nicht um größere Trennung zu schaffen. Und denke, daß wir oft sehen, was wir sehen wollen: Es ist Zurückhaltung angesagt. Dazu eine Geschichte, die man dem chinesischen Weisen Lao Tse zuschreibt und die uns ein Freund erzählte:

> Ein Mann vermißte einmal seine Axt,
> und er verdächtigte seines Nachbarn
> Sohn des Diebstahls.
> Der Junge ging wie ein Dieb, sah wie
> ein Dieb aus, und sprach wie ein Dieb.
>
> Aber der Mann fand seine Axt wieder, als
> er im Tal grub, und als er das nächste Mal
> seines Nachbarn Sohn erblickte, ging, sprach
> und schaute jener wie jedes andere Kind.

Empfindsam und analysierend: Wie sicher bin ich?
Bei der Beschreibung der verschiedenen Charakterstile fällt auf, daß jeder von einer bestimmten Gruppe physischer und psychischer Variablen definiert wird. Beim ersten Stil ist die Sorge um Sicherheit entscheidend und sie beeinflußt beide Variablen.
Stell dir vor, welche Wirkung es auf dich hat, wenn du aus dem sicheren, warmen Mutterschoß, wo du optimal versorgt wurdest, in eine Welt kommst, die laut ist und sich kalt anfühlt, und in der du rauh angefaßt wirst? Was für ein traumatischer Übergang das ist, bei dem du dich sofort um deine Sicherheit kümmern mußt!

Jedes Neugeborene muß die Erfahrung machen, daß es willkommen und sicher ist. Sonst wird persönliche Sicherheit zu einem Lebensproblem. Wenn das Kind die Wärme und Fürsorge, die die Welt sicher machen, nicht erfährt, kann es darauf mit Rückzug, Festhalten oder der Flucht in eine Phantasiewelt reagieren, die eine angenehmere Umgebung verspricht. Dieses Rückzugsmuster könnte ein kleines Kind dazu veranlassen, seine muskulären Impulse ständig zu beobachten und Impulse und Gefühle nicht aktiv werden zu lassen. Schließlich kann es immer schwieriger werden, sich überhaupt auszudrücken, bemerkt zu werden und allgemein Kontakt zu anderen Menschen aufzunehmen. Personen mit dieser Verhaltensweise können sich oft isoliert oder distanziert von anderen fühlen.

Die somatische Seite dieses Charakterstils drückt sich oft in einem physisch nicht integrierten Körper aus. Zum Beispiel kann die linke Seite völlig anders aussehen als die rechte, oder beim Gehen kann ein Arm ruhig herabhängen, während der andere schwingt. Der Körper ist gewöhnlich dünn und eckig. Die Hauptspannung findet sich im Nacken und in den Augen, und die Augen können einen gleichzeitig sanften wie erschreckten Ausdruck zeigen.

Auch wenn der Charakter aufgrund negativer Einflüsse entstanden ist und daher hauptsächlich einschränkend wirkt, hat er auch seine positiven Seiten. Zum Beispiel können einige Stärken des oben beschriebenen Musters in einer hohen Sensibilität und einer aktiven, kreativen Imaginationsfähigkeit liegen. So können wir erkennen, daß jeder Stil aus Stärken und Schwächen zusammengesetzt ist. Wir fühlen, daß die Stärken unterstützt und geschätzt werden müssen, während wir zugleich die Nachteile erkennen und erforschen. Der Hauptakzent dieses Buches liegt einfach nur deshalb auf den Nachteilen, weil sie beschwerlicher und störender sind, aber wir wollen damit nicht implizieren, daß die Stärken eines Charakters nicht ebenso zahlreich oder weniger wichtig sind. Unsere Charakterstruktur enthält wie jede andere Herausforderung in unserem Leben sowohl Gefahren als auch Vorteile, wie die zwei Seiten einer Münze.

Abhängig und gewinnend: Das Bedürfnis nach Stärkung

Am Anfang unseres Lebens sind wir völlig abhängig von anderen. Wir müssen gefüttert und versorgt werden, um am Leben bleiben zu können. Das Kind muß die Erfahrung machen, daß die richtige Nahrung zur Verfügung steht und bereitwillig gegeben wird. Diese Nahrung besteht sowohl aus Essen als auch aus emotionaler und physischer Unterstützung. Wenn das Kind aus irgendeinem Grund nicht erlebt, daß diese Art Nahrung grundsätzlich in ausreichendem Maß zur Verfügung steht, kann eine lebenslange Suche nach Stärkung einsetzen. Stärkung zu suchen wird dann zu einer unbewußten Aufgabe, die irgendwie durch den inneren Unglauben und Zweifel sabotiert wird, daß ausreichende Stärkung nicht wirklich zur Verfügung stehe oder gegeben werde. Dies kann sich zu einer allgemeinen Tendenz, von anderen Menschen versorgt werden zu wollen, entwickeln und gleichzeitig die Furcht entstehen lassen, daß sich niemand um einen kümmern wird.

Später im Leben kann dieser Mensch eine Einstellung von »Ach ich Armer« zeigen. So jemand sucht immer nach Unterstützung durch andere. Wenn sie dann allerdings tatsächlich vorhanden ist, wird sie nicht wahrgenommen – sie ist nie groß genug, anhaltend genug, stark genug oder vollständig genug usw. Menschen, die zu so einer Person eine enge Beziehung haben, können sich oft frustriert fühlen, weil die Nähe und Unterstützung, die sie anbieten, niemals ganz akzeptiert oder angenommen wird.

Ein Mensch mit dieser Charakterstrategie vermittelt körperlich ein Bild des Zusammenbrechens. Der Körper sieht schwach aus, weil er gewöhnlich zusammengesunken ist, als wäre er nicht stark genug, um sich aufrecht zu halten. Oft ist die Abhängigkeit oder Sehnsucht auch in den Augen zu bemerken, die sehr ausdrucksvoll sein können und förmlich darum bitten, versorgt zu werden. Auch der Bauch kann sich aufgrund des zusammengesunkenen Körpers nach vorn vorwölben. Die Knie sind gewöhnlich durchgedrückt, um mehr Unterstützung zu geben, die Brust scheint oft eingesunken oder eingehöhlt zu sein und vermittelt ein Gefühl von Schwäche. Diese etwas zusammengezogene

Brust behindert auch die volle und effiziente Atmung und reduziert so die mögliche Nahrung und Belebung, die der Atem vermitteln kann.
Die Stärke einer Person mit diesem primären Charaktermuster liegt auf der Beziehungsebene. Aufgrund ihres Bedürfnisses nach Unterstützung fällt es ihr relativ leicht, die Bedürfnisse anderer zu erfüllen, da sie weiß, »wie es ohne ist«. Menschen mit diesem Verhaltensstil findet man oft in den helfenden Berufen, da sie gut Unterstützung geben können, und indem sie geben, erhalten sie ihrerseits Wertschätzung und Fürsorge.

Stark und großzügig: Das Bedürfnis, einfach so wichtig zu sein
Wenn das Kind beginnt, sich aus eigener Kraft zu bewegen und zu gehen, strebt es nach Unabhängigkeit. An diesem Punkt wird es für das Kind wichtig, bei der Aufgabe, ein Gefühl des getrennten Selbst zu entwickeln, unterstützt zu werden. Jetzt beginnt das Kind, aus seiner bisherigen totalen Abhängigkeit um der Entwicklung eines wirklichen Selbst willen herauszuwachsen. Wenn sich das Kind bei diesem Versuch, mehr selbst zu bestimmen, gebremst fühlt, kann daraus eine starke Beschäftigung mit Kontrolle und Macht resultieren und eine lange Suche nach einer flüchtigen Freiheit beginnen. Es ist, als ob die Person auf Kräfte reagiert, die als das Selbst niederhaltend, das Kind klein machend wahrgenommen werden.
Diese Charakterstruktur kann einen Menschen bilden, der gern in Kontrolle ist und das Sagen hat. Oft sucht er nach Anerkennung aufgrund eines persönlichen Beitrags. Es kann eine Tendenz zur Täuschung und zu wenig Verbindlichkeit in persönlichen Beziehungen geben. All dies dient der Aufrechterhaltung von Distanz und der Kontrolle über die Situation. Im allgemeinen werden die Gefühle selbst unter streßhaften und gefährlichen Bedingungen minimiert, denn gewöhnlich ist die dieser Charakterstruktur zugrundeliegende Angst vor der eigenen Schwäche durch kühles Verhalten auf ein Mindestmaß reduziert. Diese Fähigkeit, unter Druck ruhig zu bleiben, kann auch ein Vorteil sein, wenn sie klug in Situationen genutzt wird, in denen ruhige Kontrolle notwendig

ist. Diese Führungsqualitäten und die Fähigkeit, kreative individuelle Beiträge zu leisten, repräsentieren eine wesentliche Stärke dieses Typs.
Dieser Charakterstil disponiert zu einem nach oben entwickelten und mobilisierten Körper. Da die Person das Gefühl hat, niedergedrückt zu werden, mobilisiert sie gewöhnlich die obere Körperhälfte, als ob sie nach oben drücken wollte und erscheint dadurch größer und mächtiger. Eine im allgemeinen schwache oder schlecht entwickelte untere Körperhälfte weist auf das Fehlen einer guten Erdung hin.
Der hochentwickelte Oberkörper betont die Stärke dieser Person hinsichtlich Intellekt und Handlungsfähigkeit, während der unterentwickelte Unterkörper die Schwierigkeit aufzeigt, ausgeglichen und in seinen Gefühlen geerdet zu sein. Insgesamt fällt der Oberkörper mit seiner Erscheinung von Macht und Stärke derart ins Auge, daß die Person auf manchen Menschen erschreckend wirken kann.

Belastbar und überdauernd: Frei sein
Nachdem das Kind genügend Selbstwertgefühl entwickelt hat, lockt die wirkliche Unabhängigkeit. Das Kind will die Welt auf seine Weise erforschen. Der häufigste charakterbildende Konflikt in dieser Periode besteht darin, sich manipuliert und zu etwas gezwungen zu fühlen, was jemand anderer will, und nicht seinen eigenen Impulsen folgen zu können. Als Reaktion auf diesen gefühlten oder imaginierten Schubs wird die Person oft sehr störrisch und unbeweglich, und leistet jedem Antreiben Widerstand. Es ist, als ob sie sagte: »Wenn ich schon nicht dahin gehen kann, wohin ich will, gehe ich nirgends hin!«. Dieses Gefühl, (gewöhnlich durch Schuldgefühle) manipuliert zu werden, kann ein starkes Gefühl von Wertlosigkeit in einem Menschen erzeugen.
Der grundlegende Problemlösungsstil einer solchen Person besteht oft im Widerstand und Festhalten, insbesondere im Festhalten des Ärgers. Auf der produktiven Seite kann diese Tendenz sehr viel Durchhaltevermögen und die Fähigkeit verleihen, Auf-

gaben und Projekte weiterzuführen, die andere Menschen längst aufgegeben haben. Es findet sich allerdings oft auch ein Gefühl von Hoffnungslosigkeit, Festsitzen und Ausweglosigkeit.

Der Körper, der diesem Stil entspricht, ist so mobilisiert, als ob er von hinten geschoben würde und die Person dieser Kraft dadurch Widerstand leiste, daß sie sich in den Boden bohrt. Der ganze Körper ist nach unten mobilisiert. Er ist meist fest und neigt zu Übergewicht. Er sieht oft so aus, als ob er ein großes Gewicht mit sich herumschleppte. Die Füße sind fest auf dem Boden aufgepflanzt und scheinen sich niemals bewegen zu können. Der obere Rücken ist gewöhnlich mit dicken Muskeln bepackt, und der Hals ist wegen des eingezogenen Kopfes kurz.

Unermüdlich und übergründlich:
Der Kampf um Gleichberechtigung

Die letzte Phase der frühen Entwicklung besteht in der Suche nach dem Erwachsenenstatus. Das Kind bemüht sich nun, gleichberechtigt in der Erwachsenenwelt anerkannt zu werden. Das Bedürfnis, seine Kompetenz zu beweisen, kann zu einem Lebensthema werden. Wenn die Erwachsenen das, was ein Kind tut, niemals als ganz vollständig, wertvoll und richtig akzeptieren, kann das heranwachsende Kind den Weg des Strebens nach Perfektion einschlagen: Es leistet immer etwas, um als wertvoller Mensch akzeptiert zu werden.

Jemand mit diesem Verhaltensstil ist oft energisch, aktiv und beschäftigt, aber es fällt ihm oft schwer, sich nach der Erledigung einer Aufgabe erfüllt oder abgeschlossen zu fühlen. Vielmehr besteht ein Drang, sofort das nächste anzupacken; denn es läßt sich nur schwer entspannen, wenn man mit der Grundanschauung lebt, einfach nicht gut genug zu sein. Dieses dauernde Bedürfnis, sich zu beweisen, aber nie das Gefühl zu haben, akzeptiert zu sein, treibt den Menschen zu immer weiterem Handeln. Oft kann das dazu führen, daß man sich interessant macht und dadurch die Aufmerksamkeit der anderen monopolisiert. Das hohe Aktivitätsniveau kann sich insofern als produktiv erweisen, als es leistungsorientiert und leistungsfähig macht, was in unserer Gesellschaft sehr geschätzt wird. Es gibt auch Ähnlichkeiten im Verhalten zwischen diesem Stil und dem infarktbedrohten A-Typus. Die Leistungsorientierung und das konstant hohe Aktivitätsniveau ist beiden Gruppen gemeinsam.

Der Körper sieht gewöhnlich startbereit aus: Er lehnt leicht nach vorne, wie in den Wind gelegt. Von der Seite gesehen hat der ganze Körper eine leichte Bogenform, da die Rückenmuskeln stärker angespannt sind. So spiegelt die Körperstruktur die Bereitschaft zum Handeln und gleichzeitig das frustrierende Gefühl des Zurückgehaltenwerdens. Im allgemeinen ist der Körper wohl proportioniert, und doch erscheint er steif und geladen, immer bereit, irgendeine Herausforderung anzunehmen.

2. Kapitel

Der Zustand innerer Achtsamkeit

Alltagsbewußtsein und innere Achtsamkeit

»Es ist, als sei unser alltägliches Gewahrsein nur eine unbedeutende Insel, umgeben von einem weiten Meer unvermuteten und unbekannten Bewußtseins . . .« schreibt Ken Wilber, einer der wichtigsten zeitgenössischen Bewußtseinstheoretiker (Wilber, 1984, 12). Unser Alltagsbewußtsein stellt nur einen kleinen Ausschnitt aus unserem Gesamtbewußtsein dar. Das Gesamtbewußtsein kann viele verschiedene Zustände einnehmen und ermöglicht eine Vielzahl therapeutischer Eingriffsmöglichkeiten.

Jedes Individuum ist von Natur aus in der Lage, in verschiedene Bewußtseinszustände außer dem Alltagsbewußtsein einzutreten. Träumen ist z. B. ein besonderer Bewußtseinszustand, der wichtiges Material über den individuellen Aufbau unseres Selbst spiegelt. Aus diesem Grunde wird der Traumzustand in vielen Therapien systematisch benutzt. Es gibt noch andere Bewußtseinszustände, wie die Zeit zwischen Einschlafen und Wachen, in der Realität und Traum sich vermischen, oder den Zustand der Meditation, der Versenkung, der Trance, psychodelischer Erfahrungen, usw.

All diese verschiedenen Bewußtseinszustände können erforscht und differenziert werden. Der Buddhismus und andere psychospirituelle Methoden verfolgen diesen Ansatz schon seit Jahrtausenden. Auf dem Weg zur Erleuchtung durchläuft der Schüler viele verschiedene Bewußtseinszustände, die deutlich voneinander abgegrenzt und unterschieden sind. Üblicherweise beachten wir diese Geisteszustände nicht, weil sie uns nicht nützlich erscheinen, da wir ihre Bedeutung und ihr Potential nicht erkannt haben. Die moderne Psychotherapie hat allerdings die Bedeutung dieser verschiedenen Bewußtseinszustände genauer betrachtet, und zwar gerade im Zusammenhang mit dem neuen Interesse an der Hypnose, die eine besondere Art der Trance verwendet. Leider wird auf Grund dieses Umstandes die Hypnose als etwas anderes als die übrigen Psychotherapien betrachtet. In Wirklichkeit ist an der Hypnose nichts besonders Merkwürdiges oder Seltsames. Sie benutzt einfach einen besonderen Bewußtseinszustand, der im Rahmen des menschlichen Potentials liegt. Milton Erickson, der Pionier und führende Vertreter des Hypnoseansatzes in der Psychotherapie schreibt:

> Wir müssen lernen, die zerbrechlichen und knospenden Erfahrungen einer sich entwickelnden Trance genauso anzuerkennen wie auch andere geänderte Bewußtseinszustände. (Erickson, 1976, 69)

Als Hakomi-Therapeuten unterstützen wir einen besonderen Bewußtseinszustand, den wir »Innere Achtsamkeit« nennen. Er eröffnet ein breites Feld von Erfahrungen zwischen meditativer Aufmerksamkeit und tiefer Trance. Alle diese Zustände sind für das Verständnis des Selbst in der Psychotherapie ausgesprochen wichtig. Sie erlauben uns, mit jenen psychologischen Strukturen (Gedanken, Gefühle, Einstellungen, Kernanschauungen, Empfindungen usw.) in Kontakt zu kommen, die unser Erleben und Verhalten leiten und bestimmen. Wir nehmen an, daß entweder zufällig oder gezielt jede tiefe psychologische Veränderung auf diesen Zeiten veränderten Bewußtseinszustandes beruht.

Unser Alltagsbewußtsein

Wir wollen zunächst den Zustand der Inneren Achtsamkeit vom Alltagsbewußtsein differenzieren und die Unterschiede klären. Kennzeichnend für das Alltagsbewußtsein ist seine Fokussierung auf die Außenwelt. In diesem Bewußtseinszustand kümmern wir uns ganz allgemein um die Erfordernisse des Alltags.

Diese Erfordernisse können Zimmeraufräumen, die Bedienung eines Kunden, ein Anruf bei einem Freund oder die Jagd auf eine Fliege sein. Alle diese Aktivitäten setzen voraus, daß unsere Aufmerksamkeit nach außen gerichtet ist.

In diesem Alltagsbewußtsein wissen wir, was wir wollen, und wir benützen unsere Intelligenz und unsere Fähigkeiten, diese Ziele zu erreichen. Wenn wir allerdings diesen Bewußtseinszustand zum psychologischen oder emotionalen Wachstum verwenden wollen, bleiben wir stecken. Wir beschäftigen uns mit gedanklichen Lösungen für unsere Probleme. Auf diese Weise können wir mit den tieferen mentalen und emotionalen Aspekten, die den Konflikt erhalten und irgendwie eine Lösung unmöglich machen, nur unter Schwierigkeiten in Kontakt kommen.

Um unser Alltagsbewußtsein sich entwickeln zu lassen, sind eine Reihe von Vorbedingungen und wesentlichen Funktionen notwendig. Als wichtig erscheinen uns dabei die Gewohnheiten und Routinen, ohne die wir uns nicht im Alltag bewegen könnten – man denke beispielsweise ans Teetrinken, bei dem wir uns jedesmal, wenn wir eine Tasse wollten, im Detail klarmachen müßten, wie er zubereitet wird und wie die einzelnen motorischen Abläufe des Trinkens vonstatten gehen. Wenn wir uns darauf konzentrieren müßten, die einzelnen Schritte jedesmal wieder neu zu entwickeln, wären wir sicher Tage damit beschäftigt, und der Tee wäre inzwischen kalt. Mit Hilfe der Routinen können wir Alltagshandlungen in Sekundenschnelle abwickeln, und wir können dabei noch aus dem Fenster schauen und uns unterhalten.

Alles, was wir im täglichen Leben tun, wird von ähnlichen Mustern und Gewohnheiten unterstützt, die wir früher entwickelt haben. Auf diese Weise können wir unsere Aufmerksamkeit und unser Gewahrsein frei auf die Dinge richten, die neu, anders, interessant oder wichtig sind.

Gewohnheiten und Verhaltensmuster regeln sowohl unwichtige Details als auch grundlegende funktionale Aspekte unseres Lebens – unseren laufenden Denkprozeß wie auch die Organisation unserer Muskelgruppen. Auf einer fundamentaleren Ebene regeln sie unsere Grundanschauungen und Kernüberzeugungen. Wenn ich jemandem sage, daß ich ihn mag, kann er mir entweder glauben oder mißtrauisch werden, und zwar nicht, weil er in diesem Moment eine bewußte Entscheidung darüber getroffen hätte, ob er mir glauben soll oder nicht. Vielmehr hat er unbewußt frühere Eindrücke und seit langem etablierte mentale und emotionale Muster aufgerufen. Dies sind die Arten von Mustern, die unsere mentale und emotionale Organisation strukturieren, welche wiederum die Eigenart unseres Alltagsbewußtseins bestimmt. Die Gesamtheit dieser Muster haben wir im vorhergehenden Kapitel »Charakter« genannt. Charakter beschreibt die »charakteristische« Art, in der wir von einem Moment zum anderen mit unserem Leben und unserer Umgebung umgehen. Im Alltagsbewußtsein ist der Charakter immer in voller Aktion. Dadurch können wir auf die laufenden Anforderungen unseres Alltags reagieren und eine große Zahl von Aufgaben schnell und effizient lösen. Andererseits heißt das aber auch, daß wir uns mit zahlreichen Grenzen und Beschränkungen abfinden müssen, die nicht immer konstruktiv, angemessen oder befriedigend sind. Wenn zum Beispiel eines meiner Verhaltensmuster darin besteht, mich zurückzuziehen, wenn ich angegriffen werde, habe ich vielleicht in einigen Situationen damit die beste Strategie gewählt. Manchmal aber kann es günstiger sein, einem Angriff auf eine andere, vielleicht offenere Weise zu begegnen. Wir haben ein besonderes Interesse an diesen Routinen und Mustern, da sie heimlich eine starke Macht über die Organisation unseres Lebens ausüben.

Innere Achtsamkeit

> Es gibt einen einzigen Weg, ihr Jünger, der zur Läuterung der Wesen führt, zur Überwindung der Besorgnis und des Klagens darüber, der zum Schwinden von Schmerz und Leid, von Mißstimmung und Trübsal führt, zur Gewinnung des rechten Weges und zur Verwirklichung der Wahnerlöschung, Nirwana. Und dieser Weg besteht in der Ausbildung der vier Grundlagen der rechten Achtsamkeit.
>
> *(Buddha, in: Nyanaponika, 1979, 11)*

Die charakteristischen Routinen sind für unsere Lebensaktivität wesentlich. Und während wir mit ihrer Hilfe durch das Leben gehen, sind sie uns nicht bewußt. Wenn zum Beispiel in einer Therapiesitzung ein Klient über den Konflikt mit seinem Vater spricht, beschäftigt er sich bewußt damit, uns die Situation verständlich zu machen. Alles, was ihn in diesem Moment wirklich steuert, ist entweder nicht bewußt oder liegt an der Peripherie seines Bewußtseins. Glücklicherweise können wir in anderen Bewußtseinszuständen diese unbemerkten Verhaltensmuster entdecken und untersuchen.

Um in diese Zustände einzutreten, müssen allerdings gewisse Bedingungen erfüllt sein. Als erstes müssen die Anforderungen, die wir in unserer aktiven Interaktion mit der Welt an uns stellen, entfernt werden. Der Klient muß sich in einer Situation befinden, in der er nichts Besonderes leisten muß und in der keine besondere Anstrengung erforderlich ist. Weiterhin sollte das Gewahrsein auf die innere Aktivität gerichtet sein, auf die Organisation des Selbst, die gerade in diesem Moment sichtbar ist. Dieses besondere therapeutische Terrain läßt sich mit zwei Begriffen abgrenzen: *Inneres Gewahrsein* und *Passivität*. Wir können als Beispiel die Situation nehmen, in der ich beim Autofahren bemerke, daß der Motor zu stottern beginnt. In einem solchen Fall muß ich zunächst anhalten und den Motor abstellen. Dann muß ich mir Zeit lassen, um alle wichtigen Teile und ihre Funktionen in Augenschein zu nehmen. Dasselbe gilt für die Psychotherapie. Ich muß innehalten, langsam, passiv und innengeleitet werden.

Ron Kurtz sucht mit einer Workshopteilnehmerin Zugang zur »inneren Achtsamkeit«.

Dann kann ich die Details meiner fortlaufenden gegenwärtigen Erfahrung beobachten. In diesem Zustand von »Achtsamkeit« liegt eine besondere Kraft (das Wort »Achtsamkeit« entspricht dem Pali-Wort satipatthana, das auch als »rechtes inneres Gewahrsein« übersetzt werden kann).
Wir wenden uns jetzt den Kennzeichen dieses Zustands zu, differenzieren ihn vom Alltagsbewußtsein und erklären, wie man ihn hervorrufen und unterstützen kann.

Nach innen gerichtet beobachten

Als erstes muß die Wahrnehmung nach innen gerichtet werden. Geschlossene Augen können ein äußeres Anzeichen für diesen Zustand sein, da es dann sehr wahrscheinlich ist, daß die Person sich nicht um äußere Vorgänge oder Geschehnisse kümmert, sondern mehr um das innere Erleben. Um innerlich gewahr zu

sein, ist es nicht unbedingt notwendig, seine Augen geschlossen zu halten, aber es erleichtert die Sache beträchtlich.
Wenn ich zum Beispiel mit jemandem rede, und diese Person sagt plötzlich: »Mir fällt auf, daß du dauernd mit dem Fuß wippst, seit wir miteinander sprechen. Was soll das heißen?« Dann kann ich natürlich auf meine Füße schauen, das Wippen beobachten und mir eine Erklärung dafür einfallen lassen. Ich kann aber auch stattdessen meine Wahrnehmung in den Fuß bringen und fühlen oder erleben, was im Inneren passiert. Indem ich bei dem Erleben bleibe, wird mir vielleicht plötzlich ein Impuls deutlich, der die Bewegung motiviert. Wenn ich weiter bei meinem Erleben bleibe, könnte mir klar werden, daß ich nervös bin, und wenn ich dieser Nervosität weiter meine Aufmerksamkeit schenke, könnte mir plötzlich einfallen, daß ich eigentlich gar nicht mehr hier sein möchte, sondern schon seit geraumer Zeit nach Hause gehen wollte.
Diese Art inneren Wahrnehmens, mit einer gerichteten Aufmerksamkeit im Inneren innezuhalten, unterstützen wir im therapeutischen Zusammenhang. Die gesamte Aufmerksamkeit des Klienten richtet sich darauf, was in diesem Moment, jetzt, passiert. Auf diese Weise wird ein innerer Beobachter geweckt, der in der Hakomi-Therapie eine wichtige Rolle spielt. Für uns besteht ein gewaltiger Unterschied, ob jemand mit verzweifelter Stimme sagt: ». . . und dann ging sie aus dem Haus, und ich habe mich wieder verlassen gefühlt!«, oder ob jemand sagt: »Ich merke, wie eine Erinnerung hochsteigt, daß sie das Haus verließ und ich zurückgelassen wurde. Ich bemerke auch, wie sich in meiner Brust ein Druck aufbaut.«
Im ersten Fall sind die unglückliche Person und ihre Verhaltensmuster mit den Geschehnissen der letzten Woche völlig verknotet. Sie reagiert wie vielleicht schon oft automatisch auf Erinnerungen, und ist diesen Erinnerungen und ihren Konsequenzen völlig ausgeliefert. Im zweiten Fall gibt es eine weitere Dimension, d. h. es existiert ein Beobachter. Mit der richtigen Unterstützung kann dieser Beobachter die Gefühle und die damit verbundenen automatischen inneren Prozesse wahrnehmen.

Das Prinzip des »Beobachters« ist den psychospirituellen Bewegungen seit Jahrtausenden bekannt. Walt Anderson beschreibt die Rolle des Beobachters im tantrischen Buddhismus:

> (Er ist) ... die Fähigkeit, sich seiner Erfahrung genau bewußt zu sein, genau zu wissen, welche Sinneswahrnehmung in jedem Augenblick aktiv ist, mit welchen Objekten man in Kontakt ist, welche Gefühlsfärbung diese Erfahrung hervorruft und welchen Sinn wir ihr beimessen, woher sie kam und wohin sie führt. (Anderson, 1981, 69)

In der traditionellen abendländischen Psychologie war Ernest Hilgard der Wiederentdecker des inneren Beobachters. Er beschrieb 1978 in der Zeitschrift *Human Nature*, wie er nach Jahren der Forschung über hypnotische Phänomene dazu kam. Bei einer Vorlesung vor zahlreichen Studenten demonstrierte er an einer erfahrenen Versuchsperson die Induzierung hypnotischer Taubheit. Hilgard erzeugte laute Geräusche am Ohr der »tauben« Versuchsperson, und die Zuschauer konnten feststellen, daß keine der sonst üblichen unwillkürlichen Reaktionen auf Lärm auftrat. Ein Student stellte dann die Frage, ob irgendein Teil der Versuchsperson feststellen könne, was tatsächlich vor sich ginge, da ja jeder wußte, daß diese Versuchsperson im Normalzustand keineswegs taub war. Dr. Hilgard war von der Frage fasziniert. Er sagte der Versuchsperson: »Auch wenn du hypnotisch taub bist, so kann doch vielleicht ein Teil von dir meine Stimme hören und verstehen, was ich sage. Wenn das der Fall ist, dann hebe bitte den Zeigefinger deiner rechten Hand.« Zur großen Überraschung aller Anwesenden hob die Versuchsperson langsam ihren Finger. Nach der Hypnose beschrieb die Versuchsperson ihre inneren Erlebnisse während dieses ganzen Vorgangs. Jedesmal breite sich bei der hypnotischen Taubheit eine Stille in ihrem Inneren aus, die sie zur Beschäftigung mit statistischen Problemen nutze. In diesem Fall allerdings habe sie zu ihrer Überraschung festgestellt, daß sich, ohne daß sie wüßte warum, ihr Zeigefinger plötzlich hob.

Aufgrund dieses Vorgangs und daran anschließender ausgedehnter Untersuchungen kam Hilgard zu dem Schluß, daß es einen

beobachtenden Teil, einen »Zeugen« geben müsse, der jederzeit anwesend ist. Normalerweise sind wir uns dieses Teils unseres Bewußtseins nicht bewußt. Er existiert in uns und beobachtet und registriert alles, was vor sich geht.
Diesen inneren Zeugen benutzen wir in der Hakomi-Therapie. Wenn dieser innere Beobachter aufrechterhalten wird, dann kann man selbst in emotional überwältigenden Situationen immer noch gewahr und gleichzeitig irgendwie unbeeindruckt von dem sein, was vor sich geht, fast so, als gäbe es einen Riß im Bewußtsein.
Einer unserer Klienten war unglücklich und erregt über den verletzenden Umstand, daß ihn seine Frau wieder einmal verlassen hatte und er allein war, aber gleichzeitig begann er zu beobachten, wie er auf die Geschehnisse reagierte: Er fühlte sich, als ob er weinen müsse und war sich seiner Körperempfindungen gewahr. Dann bemerkte er eine Neigung, sich einfach hilflos aufzugeben, und dann einen weiteren Impuls, der nur kurz auftauchte und sofort automatisch unterdrückt wurde. Er fand heraus, daß dies ein ärgerlicher Impuls war.
Dies war erst der Anfang seiner Reise durch die Routinen und Gewohnheiten seines Selbst und dessen Organisation. Die automatischen Reaktionen treten in unserem Inneren auf, und wir können sie nur bemerken und beobachten, wenn wir nach innen gerichtet beobachten.

Passivität

Die zweite Eigenschaft der Achtsamkeit ist »Passivität«. Wenn ein Forscher versucht, in einem fremden Land eine bisher unbekannte Vogelart zu entdecken, dann sucht er sinnvollerweise nicht nur in den Zweigen eines bestimmten Baumes. Dasselbe gilt für die Betrachtung der eigenen Gewohnheiten. Ich weiß nicht, wo sie sind oder woraus sie bestehen. Ich versuche mit anderen Worten, etwas zu beobachten, worüber ich nichts weiß, und deshalb ist es sinnlos, in einer bestimmten Richtung zu suchen, ja sogar überhaupt zu suchen. Man könnte sagen, wir sind auf das Unerwartete neugierig. Gerade die Dinge, an die wir nie gedacht haben, sind die interessantesten. Daher geben wir für diese Entdeckungsreise keine Grenzen vor. Wir müssen so offen wie möglich bleiben; denn Handeln formt und begrenzt, während Passivität alles ermöglicht.

Fritz Perls sagte einmal, er sei das Zentrum der Zielscheibe, das der Pfeil jedesmal trifft. In diesem Bild hat er die passive Rolle übernommen. Er zielt nicht, sucht nicht und fordert nicht, sondern er wartet passiv auf den Aufprall. Dafür ist es am besten, seine Wahrnehmung zwar wach, aber gleichzeitig weich, weit und offen zu lassen. Während einer Therapiesitzung können wir zum Beispiel sagen: »Bitte nimm wahr, was passiert, was dein Erleben ist, wenn du den folgenden Satz hörst: Du bist hier völlig sicher.« Wenn der Klient nach irgendetwas bestimmtem Ausschau hält, wie z. B. der Antwort auf die Frage, ob er sich fürchtet oder nicht, dann ist er völlig darauf konzentriert, etwas über seine Angst zu erfahren. Vielleicht ist seine Aufmerksamkeit auf seinen Magen gerichtet, wo er das Gefühl von Furcht erwartet. Aber gleichzeitig könnte er übersehen, daß er seine Stirn runzelte, oder daß er für einen Moment seinen Atem anhielt, oder daß für den Bruchteil einer Sekunde ein Bild oder eine Vorstellung am Rande seines Gewahrseins auftauchte.

Wir sind also nicht so sehr an dem interessiert, was nach angestrengter Suche gefunden werden könnte, sondern wir wollen beobachten, welche Art von Mustern ohne Lenkung, ohne unsere bewußte Beteiligung auftreten. Es ist nicht notwendig, irgendetwas Bestimmtes zu tun, zu wollen oder zu suchen, oder auf etwas Bestimmtes zu warten, sondern nur *zu beobachten, was von selbst geschieht*. Wir warten auf das, was unsere Neugier erweckt und möglicherweise zu etwas Neuem führt.

Diese Einstellung ist nicht nur für den Klienten, sondern im besonderen Maße für den Therapeuten wichtig, denn gerade er muß jederzeit bereit sein, ohne persönliche Präferenz in jedwede Richtung zu gehen. Die einzige Präferenz, die ein Therapeut pflegen sollte, ist, dem Klienten neugierig und bereitwillig in jede Richtung zu folgen, die sich ergibt. Die Schweizer Psychoanalytikerin Alice Miller schreibt:

Was entdeckt wird, ist nicht ein abgelegenes Land, sondern eines, das es noch gar nicht gibt und das erst im Laufe der Entdeckung und des Bewohnens anfängt zu existieren. (Miller, 1983, 126)

Diesen Aspekt unserer Arbeit werden wir ausführlicher in dem Kapitel »Gewaltlosigkeit und Psychotherapie« erörtern.

Den Zeichen folgen

Nach-innen-gehen und Passivität erlauben uns, die Zeichen wahrzunehmen, die im Alltagsbewußtsein nicht untersucht werden können, da sie am Rande der Wahrnehmung liegen, und ihnen zu folgen. Diese Signale erzählen die Geschichte unserer Routinen und Gewohnheiten, die unser Alltagsbewußtsein und tägliches Handeln ausmachen. Wir lassen unsere Gewohnheiten nicht einfach ablaufen, sondern schieben sie für einen Moment auf, weil wir beobachten wollen, wie sie entstanden sind. Der passive Beobachter liefert uns neue Informationen über die inneren Prozesse. Barbara, eine unserer Klientinnen, sagte im Zustand innerer Achtsamkeit: »Ah, gerade als du den Satz sagtest, hatte ich ein Bild von meiner Großmutter..., aber ich habe es beiseite geschoben, weil ich dachte, daß es nicht wichtig sei. Und ich merkte, daß ich das oft mache.« An dieser Stelle war Barbara nicht mehr ihren Routinen ausgeliefert. Plötzlich hatte sie die Wahl, das Bild entweder beiseitezuschieben oder zu untersuchen, was es für sie bedeutet, wie es plötzlich aufstieg und wie es beiseitegeschoben wurde. Nach einer Weile sagte sie: »Ah, jetzt weiß ich, ich habe mich bei ihr immer sicher gefühlt ... und wenn ich sie anschaue, sieht sie immer so traurig aus. Genauso traurig, wie ich werde, wenn ich an sie denke.« Wir waren im therapeutischen Prozeß einen Schritt weiter, irgendwo in ihren Gefühlen, die etwas mit einer Beziehung zu tun hatten, in der sie sich nicht sicher fühlte.

Je länger eine Person im Zustand innerer Achtsamkeit verweilt und passiv die Signale beobachtet, desto stärker wird sich das Bewußtsein einem tranceähnlichen Zustand annähern. Dann ist die Person nicht mehr mit ihrer Umwelt verbunden, sondern mit einem inneren Prozeß beschäftigt, der sie tiefer in Gefühle, Bilder und Erinnerungen bringt. Diese Trance gleicht einem Wachtraum, dem wir bewußt folgen. Unsere Fähigkeit zur genauen Beobachtung und zum Treffen von Entscheidungen gehen in diesem Zustand nicht verloren.
Unsere Klientin aus dem obigen Beispiel wurde sehr traurig, als sie sich tiefer mit dem Bild ihrer Großmutter beschäftigte, und sagte: ». . . ich werde immer traurig sein, wenn ich daran denke, wie sie aussah . . ., wenn ich daran denke, wie sicher ich mich bei ihr fühlte . . ., es ist schrecklich, aber ich habe mich an keinem anderen Ort sicher gefühlt . . . Jetzt taucht ein Bild von meinem Vater auf, wie er nach Hause kommt, und ich habe Angst. Meine Mutter hatte auch Angst . . .«. In diesem Zustand wird das Erleben zur gefühlten Wirklichkeit. Emotional geladene Erinnerungen sind plötzlich präsent und greifbar. Unsere Klientin konnte ihre Unsicherheit und Angst von früher fühlen, und sie konnte beobachten, wie ihre Erinnerungen sich vervollständigten und eine neue Bedeutung annahmen.
Im therapeutischen Prozeß lernen die Klienten, Teile ihres Erlebens präzise wahrzunehmen, sich ungewohnter Signale bewußt zu werden und ihnen zu folgen, auch wenn es unklar ist, wohin sie führen werden. Schließlich entwickeln wir Vertrauen in diese inneren Signale und ihre Bedeutung.

Übung 6: In innerer Achtsamkeit

Sitze bequem in aufrechter Haltung. Schließe deine Augen und nimm dir ein paar Minuten Zeit, alle möglichen inneren Vorgänge zu beobachten: Körperempfindungen, Gedanken, Gefühle, Bilder oder Erinnerungen. Versuche nicht, irgendetwas zu ändern, beobachte einfach nur, was in dir geschieht. Wenn du einen guten Eindruck davon gewonnen hast, was im Moment mit dir passiert, erlaube dir, an deine erste Liebe zu denken. Stelle

fest, was nun in dir passiert. Dann beginne noch einmal von vorn und denke dieses Mal an eine bedeutungsvolle Begebenheit, die in der Zukunft liegt.
Beobachte, welche Veränderungen sich einstellten und wie sie sich unterscheiden. Nimm auch jene Vorgänge war, die du nicht erklären konntest. Beobachte noch eine Weile länger.

Das Verhalten des Therapeuten

Alles kann durch Achtsamkeit gemeistert werden.
(Nyanaponika, 1976, 2)

Was muß ich tun, um meinem Klienten beim Erreichen der inneren Achtsamkeit zu helfen, sie zu erhalten und zu stabilisieren? Wir halten vier Faktoren für besonders wichtig: Sicherheit, Langsamkeit, Sanftheit und richtiges Fragen.

Sicherheit geben

Wenn du mit jemandem zusammen bist, und diese Person fühlt sich mit dir aus irgendeinem Grunde unbequem, ängstlich oder unsicher, dann wird sie auf gar keinen Fall den Zustand innerer Achtsamkeit erreichen. Das Bewußtsein wird sich dauernd nach außen orientieren, gleich ob die Person das will oder nicht. Das Problem ist Sicherheit. Die Wahrnehmung wird immer wieder nach außen springen um zu überprüfen, ob der Therapeut zum Beispiel kritisch oder in irgendeiner Weise in Worten oder Taten abwesend ist. Nur wenn sich der Klient sicher fühlt, kann er es sich erlauben, seine Aufmerksamkeit ganz nach innen zu richten. Es ist völlig sinnlos, irgendwelche Techniken zur Förderung der inneren Achtsamkeit einzusetzen, solange es Anzeichen dafür gibt, daß sich der Klient nicht sicher fühlt. Also geben wir zu Beginn einer Therapiesitzung unseren Klienten einige Minuten,

manchmal die ganze erste Sitzung oder auch so lange es eben dauert, um eine sichere Situation herzustellen. Der Klient hat die Zeit, uns kennenzulernen, sich an uns zu gewöhnen und uns zu vertrauen.
Der Therapeut könnte auch dem Klienten helfen, eine angenehme Situation zu finden, indem er fragt: »Wie möchtest du sitzen, oder wie möchtest du, daß ich sitze?« oder indem er erklärt, welche Dinge er tun und welche er nicht tun wird. Ein Gespräch über diese Fragen kann dazu beitragen, die Situation von Anfang an zu klären und dem Klienten ein sicheres Gefühl zu vermitteln. Die Kontakttechniken, die wir im vierten Kapitel beschreiben, sind in dieser Phase entscheidend. Erst dann können wir daran gehen, innere Achtsamkeit und den inneren Beobachter zu aktivieren, um schließlich die organisierenden psychischen Strukturen des Individuums zu erreichen.

Langsam arbeiten

Der Geist arbeitet im Zustand innerer Achtsamkeit sehr viel langsamer als im Alltagsbewußtsein. Daher braucht jemand, der sich in diesem Zustand befindet, allgemein viel Zeit. Hakomi-Therapeuten werden dazu ausgebildet, langsam zu arbeiten, um dem Klienten einen anderen Zeitrahmen zu geben, der verborgenen Informationen erlaubt, an die Oberfläche zu kommen. Du kannst diese Vorstellung von Langsamkeit mit Hilfe der folgenden Übung untersuchen.

Übung 7: Experimentiere mit verschiedenen Geschwindigkeiten
Partnerübung
Lies jemandem mit verschiedener Geschwindigkeit einige Sätze aus einem Buch vor. Bitte deinen Partner, auf seinen Bewußtseinszustand zu achten, und lasse ihn detailliert über auch die kleinsten inneren Veränderungen berichten, die sich während des Vorlesens eingestellt haben. Beobachte auch, was in dir vorgeht, während du vorliest.

Wenn du den Text im normalen Tempo liest, könnte der andere nur auf den Inhalt achten. Die Art der Aufmerksamkeit deines Partners wird sich wahrscheinlich etwas ändern, wenn du sehr langsam liest.
Wenn du allein bist, experimentiere damit, dein Essen unterschiedlich schnell zu kauen.
Dieselbe Art von Langsamkeit sollte man verwenden, wenn man Zugang zur inneren Achtsamkeit schafft. Der Therapeut setzt den Rahmen für einen sich ändernden Bewußtseinszustand.

Sanftes Vorgehen

Gewaltlosigkeit spielt in unserer Therapieform eine wichtige Rolle. Jede Art von Druck, jede Art von starken Präferenzen seitens des Therapeuten, wird den Klienten dazu veranlassen, seine Aufmerksamkeit auf den Therapeuten zu richten, was bedeutet, daß sein Bewußtsein nach außen geht. Jedes Antreiben produziert eine unsichere Situation und ruft Abwehrbereitschaft bzw. eine Kompensation des Widerstandes hervor. All diese Prozesse sind nach außen gerichtet und behindern die Achtsamkeit. Milton Erickson schreibt: »Man baut seine Techniken in Instruktionen ein, die es dem Bewußtsein des Klienten erlauben, sich von der Aufgabe zurückzuziehen und alles dem Unbewußten überlassen.« (Erickson, 1976, 68)

Die richtigen Fragen

Auch wenn es schwierig zu sein scheint, welche Fragen man stellen sollte, gibt es doch eine einfache Regel: Stelle Fragen, die nur aus dem Zustand innerer Achtsamkeit beantwortet werden können. Fragen, die den Klienten daran hindern, innerlich achtsam zu werden, sind z. B. »Und was hat deine Mutter dann gesagt?« oder »Wie hättest du das anders machen können?«. Solche Fragen sprechen das Gedächtnis und das Denken an und

führen so zu einer aktiven Suche nach Lösungen bzw. zur Bildung von Theorien.
Eine »zugangsfindende« Frage, also eine, die die Herstellung von Achtsamkeit begünstigt, könnte sein: »Wie fühlst du diese Wut?« oder »Kehren deine Gedanken immer zu deiner Mutter zurück?« oder auch »Wird dieses prickelnde Gefühl jetzt stärker oder schwächer?«.
Das Ziel dieser Fragen besteht darin, den Klienten sein Erleben in dem Moment erforschen zu lassen, in dem es passiert. Manchmal ist die Antwort selbst völlig unwichtig. Wenn zum Beispiel jemand berichtet: »Meine Ohren werden wärmer«, könnten wir fragen: »Welches Ohr wird wärmer, das rechte oder das linke?«. Höchstwahrscheinlich ist es für uns völlig uninteressant, welches Ohr wärmer wird. Unser Ziel ist es vielmehr, den Klienten nach innen gehen zu lassen, um noch präziser wahrzunehmen, was dort passiert. Wir wollen ihn in seiner inneren Erfahrung halten und seine Aufmerksamkeit an das binden, was dort geschieht. Fritz Perls forderte seine Klienten oft auf: »Schau mal, was deine Hand macht«. Dies diente demselben Zweck der Aufmerksamkeitsbindung. Alles was man in der Gegenwart im Inneren wahrnehmen kann, läßt den Zustand der inneren Achtsamkeit entstehen und aufrechterhalten. Deshalb stellen wir Fragen, die ohne innere Achtsamkeit nicht beantwortet werden können. Wie kann schon jemand mit Hilfe von Intellekt, Gedächtnis oder Alltagsbewußtsein feststellen, welches Ohr wärmer ist?

Erleben und Verstehen

Verständnis oder »Einsicht« haben in der Psychotherapie lange eine vorherrschende Rolle gespielt, bis in den 60er Jahren dieses Jahrhunderts das Element des »Erlebens« wichtiger wurde. Es reichte nicht mehr, daß ein Klient über seinen Haß auf seine Mutter sprechen konnte; er mußte ihn auch noch erleben. Je explosiver die Reaktion war, desto tiefer war das Erleben. Viele

Therapeuten messen heute noch heimlich ihren Erfolg an der Menge der Papiertaschentücher, die ein Klient verbraucht, oder an der Zahl der zu Bruch gegangenen Stühle.
Es trifft wahrscheinlich zu, daß ohne ein gewisses Maß an tiefem Erleben, sei es dramatisch oder nicht, Fortschritte in der Therapie kaum zu erzielen sind. Wir meinen allerdings nicht, daß tiefes Erleben allein bereits Therapie ist. Im therapeutischen Prozeß bedarf es auch des Verständnisses der tiefen inneren Erfahrung und der Klarheit über die inneren Strukturen und Muster.
»Verständnis« impliziert, daß psychologische Erfahrungen symbolisch repräsentiert werden, meistens durch Sprache. In der Hakomi-Therapie ist es wichtig, dem Erlebten einen Namen zu geben, darüber sprechen zu können, es aus dem Dunkel zu bringen und das, was geschieht, ausdrücken und begreifen zu können.
Der tibetische Lehrer Anagarika B. Govinda schreibt:

> An der »Wortmagie« der primitiven Völker gibt es einen Funken von Wahrheit. Dinge, die benannt werden konnten, verloren ihre geheime Macht über die Menschen, das Entsetzen vor dem Unbekannten. Den Namen einer Kraft, eines Wesens oder eines Objekts zu kennen, war identisch mit seiner Beherrschung. (Nyanaponika, 1976, 11)

Dieses Phänomen ist auch in unserer Kultur bekannt. Im Märchen verliert Rumpelstilzchen seine Macht über die, die seinen Namen kennen.
Idealerweise geschehen immer zwei Dinge in einem therapeutischen Prozeß. Erstens erlebt man eine spezifische Erfahrung, z. B. einen Druck auf der Brust, eine verzweifelte Sehnsucht nach jemandem, dann eine Kindheitserinnerung, und zweitens gewinnt man durch die innere Beobachtung dieser Vorgänge eine Klarheit über ihre Konfiguration – was schließlich bedeutet, die Entscheidungen, Überzeugungen und Einstellungen zu erkennen, die Teil der Grundlage des persönlichen Stils, des Charakters sind. Auf dieser Ebene kann Veränderung stattfinden.
Man kann sich einer Therapieform aussetzen, in der wir unseren Schmerz spüren und ihn hinausschreien. Wenn wir aber nur

Schmerz empfinden, kann sich kaum etwas Neues entfalten. Wir glauben nicht an die Theorie, die uns nur tief in den Tunnel kriechen heißt, um auf der anderen Seite wieder herauszukommen. Wir sind vielmehr der Ansicht, daß hinter diesem Schmerz Informationen liegen. Auch der reine Körperschmerz ist ein Warnsignal, daß irgendetwas unserer Aufmerksamkeit bedarf. Wir haben fast immer die Möglichkeit, etwas Gutes für uns zu finden oder uns umzuorganisieren, so daß der Schmerz verschwindet oder wenigstens seine Macht über uns verliert.

In diesem Zusammenhang läßt sich beschreiben, wie wir den inneren Beobachter verstehen, den wir in jedem therapeutischen Prozeß aufrechtzuerhalten trachten. Du kannst dir vielleicht nicht vorstellen, daß es möglich ist, etwas zu erleben und gleichzeitig zu beobachten, wie du es erlebst. Wenn z. B. in einem therapeutischen Prozeß in Todesangst eine Hexenmaske erscheint, mag man, um darüber zu sprechen, dieses Erleben beenden, die Augen öffnen und die Erinnerung dessen beschreiben, was gerade geschehen ist. Die Möglichkeit, etwas zu erleben und es gleichzeitig zu beschreiben, mag dagegen neu und ungewöhnlich erscheinen. Trotzdem kannst du lernen, wie man so etwas macht. Wir nennen das manchmal »Berichte von der Front«. Es ist so, als ob der Klient die gegenwärtigen Abläufe seiner inneren Erfahrung wie ein Reporter über eine Funkverbindung dem Therapeuten beschreibt. Wir unterstützen diese Interaktion, indem wir Bewußtseinsformen aufrechterhalten, die das möglich machen.

Es gibt eine Vielzahl von Veröffentlichungen über die Beziehung zwischen Erleben und Verständnis. Eugene Gendlin leistete einen wichtigen Beitrag mit seiner »Fokussierungstechnik«, die auf dieser Beziehung beruht. In den letzten Jahren fand das Werk von William Grey und Paul LaViolette Beachtung. Sie untersuchten die Verbindung von Erleben und Verständnis aus der Sicht der Gehirnphysiologie und der Systemtheorie und entwikkelten bereits in den 50er Jahren ein bemerkenswertes Modell. Sie behaupten, daß Gefühle noch unklare Gedanken sind, die in stammesgeschichtlich älteren Bereichen des Gehirns, dem limbischen System, kreisen. Man könnte auch sagen, daß Gedanken nichts als in die symbolische Struktur der Sprache eingefrorene Gefühle sind. Grey und LaViolette betrachten unser gesamtes Wissen als vielgestaltete Stimmungsabtönungen. Wenn wir einen bestimmten Gedanken fassen wollen, erscheint, während wir bewußt versuchen, etwas zu verstehen, das angeforderte Material zunächst als Stimmungstönung im limbischen System (das mit den unbewußten, dynamischen Aspekten unseres Wesens verbunden ist). Erst wenn die Botschaft im limbischen System eine bestimmte Schwelle erreicht hat, findet sie ihren Weg zur Großhirnrinde und wird bewußt gemacht. Praktisch gesprochen heißt das, daß unsere Suche nach tieferem Verständnis über die Differenzierung und Vertiefung der prägenden Gefühlsebenen verläuft, die plötzlich in Worte, Bilder, Erinnerungen und schließlich Verständnis umkippen.

Sensitivität und Körpertherapie

Sensitivität ist ein sehr wichtiger Bestandteil unserer Arbeit. Es liegt auf der Hand, daß wir nur dann Zugang zu den Körperempfindungen, subtilen Gefühlen und anderen Vorgängen finden können, wenn wir eine präzise Wahrnehmung, eine Sensitivität für das innere Erleben entwickeln. Ein großer Teil der Arbeit in der Hakomi-Therapie besteht darin, dem Klienten bei der Erhöhung seiner Sensitivität sowohl in Einzel- als auch in Gruppenarbeit zu helfen. In einem Workshop benutzen wir verschiedene Übungen, um die Sensitivität zu erhöhen. Wir schlagen vielleicht vor, daß sich jeder eine wichtige Person aus seinem Leben vorstellt – daß z. B. der Vater oder die Mutter neben ihm oder ihr geht – und dann beobachtet, was im Inneren vorgeht. Fast immer kann jedes Mitglied der Gruppe sagen, auf welcher Seite diese Person steht. Wenn die Sensitivität mit der Hilfe von innerer Achtsamkeit sehr geschärft ist, kann man eine Unzahl von Details beobachten. Ein Teilnehmer beschrieb, daß seine linke

Seite sich kleiner und enger anfühlte als seine rechte, und daß sein ganzer linker Arm steifer und schwächer war als sein rechter. Dann bemerkte er ein leichtes Taubheitsgefühl in seinen Fingern und den plötzlichen Impuls, sich abzuwenden. Typischerweise werden sehr detaillierte Beobachtungen über spezifische Körperteile gemacht. Ein anderer Teilnehmer bemerkte auf seiner Brust eine Fläche von der Größe eines Fünfmarkstückes, die leicht kribbelte. Dies verwandelte sich in ein brennendes Gefühl, das sich fünf Zentimeter in den Körper erstreckte. An diesem Punkt ist man gewöhnlich so sensitiv, daß unzählige Wahrnehmungen möglich sind und viele Informationspfade verfolgt werden können. Der Teilnehmer aus unserem ersten Beispiel merkte schließlich, daß die Enge seiner linken Körperhälfte ein Gefühl von Verschließen und Rückzug vor seiner Mutter darstellte. Er fühlte, daß er sich ihrem überbeschützenden Verhalten entziehen wollte. Und während er in seinem sensitiven Zustand verharrte, bemerkte er nach einer Weile mit diesem Gefühl verbundene Kindheitserinnerungen. Wir waren jetzt sehr nahe an der Entdeckung der Lehren, die dieser Mann als Kind gezogen hatte, um mit dem Leben zurecht zu kommen.

Wir hätten der inneren Erfahrung dieses Teilnehmers nicht folgen können, hätte er sie aufgrund seines sensitiven Zustands nicht wahrnehmen können. Er hätte das nicht im Alltagsbewußtsein leisten können.

Man kann nur dann neue Informationen gewinnen, wenn man die Sensitivität erhöht. Dies trifft auch für Erleben und Verständnis zu. Erhöhte Sensitivität bereitet uns auf die Wahrnehmung subtiler innerer Signale vor. Wenn wir bei diesen Signalen bleiben und Vertrauen in die Tatsache entwickeln, daß sie uns in eine sinnvolle Richtung führen können, werden sie zu uns sprechen, wenn wir nur lange genug zuhören. Am Anfang kann es oft schwierig und ungewohnt sein, eine solche Sensitivität zu erlangen. Im Alltagsbewußtsein sind wir daran gewöhnt, subtile Empfindungen als unwichtig zu betrachten. Dies geschieht meistens automatisch, und wir halten es im allgemeinen für lächerlich, hartnäckig ein Kribbeln im großen Zeh in der Hoffnung zu beobachten, daß es uns zu einer bedeutungshaltigen Erfahrung bringen wird. Eine weitere Schwierigkeit für einen Anfänger in der Hakomi-Therapie kann darin bestehen, sehr feine und sensitive Erfahrungen genau zu beobachten, die nur am Rand der Wahrnehmung erscheinen.

Die Sensitivität liefert uns das Material – Signale und Informationen –, denen wir vertrauen und folgen können. Wenn wir bei dieser Information bleiben, erhöht sich die Sensitivität kontinuierlich, die Information verändert sich, wird differenzierter und reicher. Auf diese Weise enthüllt sich die Erfahrung eines inneren Prozesses, dessen Verständnis aus seiner Intensität und Präzision erwächst.

Übung 8: Verfeinerte Wahrnehmung

Gehe in einem großen Raum oder im Freien umher. Schau nach unten oder schließe deine Augen halbwegs, damit deine Aufmerksamkeit nach innen gerichtet ist. Gehe langsam. Nimm dir einige Minuten Zeit und werde dir deiner Körperempfindungen gewahr. Gehe deinen Körper von Kopf bis Fuß durch und nimm alle Körperteile wahr. Bleibe bei ihnen und suche nach Spannungen oder anderen Empfindungen. Versuche, die Teile deines Körpers zu fühlen, die du im allgemeinen nicht spürst. Versuche, eine »Karte« deines inneren Selbst zu erstellen.

Jetzt erlaube dir langsam, *verschiedene Gefühle und Einstellungen zu erleben,* jedesmal ungefähr eine Minute lang. Beobachte genau, welche Veränderungen in deinem Körper stattfinden und welche Teile an diesen Veränderungen teilhaben. Laß deinen Körper eine kleine Weile mit diesen Gefühlen und Einstellungen gehen, z. B. mit

1. Wut
2. Freude
3. Traurigkeit
4. Liebe
5. »Ich bin wertlos«
6. »Ich bin unverwundbar«

7. »Die Welt ist ein gefährlicher Ort«
8. »Alle mögen mich«.

Probiere einige oder jeden dieser Vorschläge aus. Höre nach einer angenehmen Erfahrung auf. Betrachte, diskutiere oder überdenke deine Reaktionen.

Der Sensitivitätskreis

> Der Lebensprozeß entfaltet sich natürlich, Konflikte lösen sich früher oder später, gleich ob jemand weiß, wie die Dinge geschehen.
> Es trifft zu, daß ein Bewußtsein darüber, wie die Dinge geschehen, die Sprache mächtiger und das Verhalten effektiver machen . . .
> Zu wissen, wie die Dinge funktionieren, gibt einem Führer (oder in unserem Fall einem Therapeuten) mehr wirkliche Macht und Fähigkeiten als alle Diplome und Titel dieser Welt. Deshalb haben Menschen an allen Orten und in jeder Kultur diejenigen geehrt, die wußten, wie die Dinge geschehen.
>
> *(Heider, 1984)*

Eine unserer grundlegenden Theorien wird von dem unten abgebildeten Sensitivitätskreis dargestellt, der von Ron Kurtz entwickelt wurde. Er ist gleichzeitig eine Verlaufsbeschreibung von Heilungsprozessen.

Der Kreis beschreibt den Weg zu erhöhter Sensitivität und hilft uns, die organischen Wachstums- und Selbstheilungsprozesse zu verstehen, die wir in unserer Arbeit benutzen. Klarheit, Effektivität, Befriedigung und Entspannung werden im Zusammenhang gesehen. Diese vier Elemente sind hier in einem kontinuierlichen Kreisprozeß gesehen. Man kann an jeder beliebigen Stelle in den Kreis eintreten. Um das Prinzip zu demonstrieren, wollen wir bei der Entspannung beginnen. Ein Klient wird mit Hilfe einer sicheren und freundlichen Umgebung in einen entspannten Zustand gebracht, vielleicht durch eine Massage oder etwas anderes, das ihm gut tut. Diese Entspannung öffnet ihn für einen

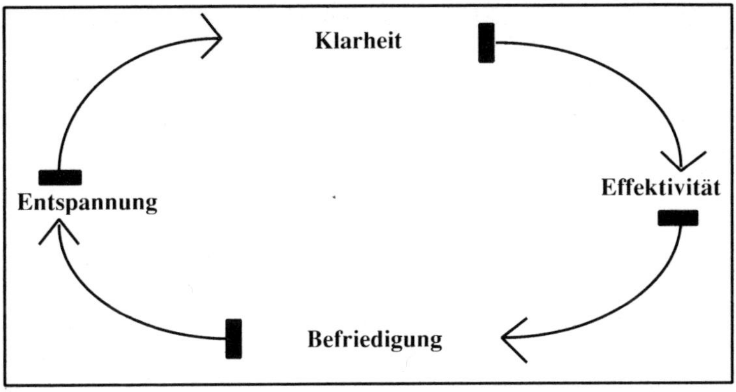

Der Sensitivitätskreis

passiven, ruhigen und wahrnehmungsfreundlichen Zustand, so daß er nach innen gehen und neue Informationen darüber gewinnen kann, was er braucht. Dies erlaubt ihm, präziser zu handeln und mit größerer Wahrscheinlichkeit zu bekommen, was er braucht, was zu größerer Befriedigung und dies wieder zu mehr Entspannung führt. An dieser Stelle kann er Dinge noch genauer wahrnehmen. Dieser Kreislauf kann in kurzer Zeit stattfinden oder sich in zusammenhängenden Prozessen über viele Jahre erstrecken.

Ein Beispiel aus dem Alltag wäre dies: Wenn mich der erbarmungslose Wecker morgens aus dem Bett jagt, renne ich vom Bad zur Küche und häufe wahllos auf den Tisch, was ich fürs Frühstück im Kühlschrank finden kann. Vielleicht sollte ich mir aber ein wenig Zeit nehmen und mich hinsetzen und nichts tun, mir einige Momente Entspannung gönnen. Dann kommt mir vielleicht plötzlich eine Idee: »Ich werde nicht jetzt essen, sondern später. Jetzt brauche ich ein Glas Orangensaft«. Das ist Klarheit. Ich schenke mir ein Glas ein und trinke. Das ist effektives Handeln, und danach wird sich meine Befriedigung ausdrücken: »Ja, das war genau richtig!«, und meine Entspannung wird sich vertiefen.

Ein weitergreifendes Beispiel ist die Abiturientin, die nicht weiß, was sie nach der Prüfung tun soll. Als erstes macht sie ein paar Monate Urlaub auf dem Land, um sich zu entspannen. In dieser Zeit beschließt sie, Psychotherapeutin zu werden. Sie beginnt zu handeln: Immatrikulation an der richtigen Universität, Seminare zu bestimmten Themen, z. B. »Verhaltensmodifikation«. Sie hat effektiv gehandelt und kann nach Abschluß des Studiums die Befriedigung genießen, erreicht zu haben, was sie wollte, und dann die Anstrengung loslassen und wieder entspannen. Wenn sie genug entspannt ist, wird sie vielleicht entdecken, daß noch etwas fehlt, und herausfinden, was das ist. Vielleicht ist es der spirituelle Aspekt in ihrer Arbeit. Das ist tiefere, präzisere Klarheit. Sie entscheidet sich vielleicht, Fortbildung zu betreiben, um ihre Arbeit zu bereichern. Weitere Effektivität, mehr Befriedigung – ein Lebensweg, der zu immer tieferem Leben der vier Elemente des Wachstumskreises führt.

Der Zustand »chronischen Alarms«

Ein unbeeinträchtigter Organismus durchläuft fortwährend den im Sensitivitätskreis beschriebenen Prozeß. Dadurch wird ein ausgeglichener und dynamischer Entwicklungszustand aufrechterhalten. Behinderungen können diesen Prozeß anhalten oder sogar umkehren. Wir haben das alle schon erlebt.
Fritz Perls nennt eine solche Situation einen »Zustand chronischen Alarms«. Sich immer weiter verschlimmernde Spannung, fehlende Klarheit, Mißerfolge und Frustrationen können zu schrecklichen und hoffnungslosen Situationen führen. Ein gutes Beispiel hierfür sind Prüfungen. Wer kennt das nicht, wie Spannung sich in Krämpfe verwandelt, wie sich Klarheit in Leere vernebelt, wie die Antworten mit jeder Sekunde ungenauer werden und Frustration statt Befriedigung herrscht. Viele von uns befinden sich in so einem Kreis, der unser Leben zu zerstören und unser Wachstum zu verhindern droht.

Von der Entspannung zur Klarheit

Am schwierigsten zu verstehen ist der Schritt von der Entspannung zur Klarheit. Deshalb wollen wir Hintergrundwissen erörtern, um etwas Licht auf den Zusammenhang zwischen den beiden zu werfen.

Einige unserer Leser kennen vielleicht das Weber-Fechner-Gesetz aus der Psychophysik. Dieses Gesetz beschäftigt sich mit der Frage, unter welchen Bedingungen wir bestimmte Signale wahrnehmen und wie diese sich vom Hintergrundrauschen abheben. Wenn ich mich an einem schönen hellen Sommerabend auf eine Wiese lege und in den Himmel schaue, werde ich wahrscheinlich nur einige wenige helle Sterne sehen können. Sobald es allerdings dunkler wird, kann ich mehr und mehr Sterne erkennen. Am Anfang wird das Licht der Sterne vom Licht des Himmels überdeckt. Erst wenn der Hintergrund (das »Hintergrundrauschen«) weniger aufdringlich wird – in diesem Fall das Sonnenlicht – beginnen die Sterne, die schon immer da waren, zu erscheinen. Stelle dir vor, du hast zwei kosmische Helligkeitsregler in der Hand – einen für die Sonne und einen für die Sterne. Wenn du alle Sterne sehen willst, gibt es zwei Möglichkeiten: entweder kannst du die Sterne heller oder die Sonne dunkler drehen.

Das Weber-Fechner-Gesetz besagt, daß die Deutlichkeit eines Signals von der Stärke des Hintergrundrauschens abhängig ist. Diese Beziehung findet man auch bei andern Signalen, zum Beispiel in der Akustik. Wenn ich mit meinem Freund telephoniere, während mein Nachbar die Rolling Stones mit voller Lautstärke spielt, kann ich entweder meinen Freund bitten, lauter zu sprechen oder meinen Nachbarn auffordern, seine Anlage leiser zu stellen. Wir glauben, daß diese Beziehung auch für Körpersignale gilt. Unsere »propriozeptive« Wahrnehmung, d. h. unsere Fähigkeit, innere Signale wahrzunehmen, ist größer, wenn das Hintergrundrauschen vermindert wird. Hintergrundrauschen im Körper sind für uns die Spannungen und die Vielzahl von Signalen, die hin und her durch den Körper schie-

ßen und einen Hintergrund bilden, aus dem sich einzelne Signale, besonders wenn sie leise sind, nur schwer hervorheben.
Dieselben Regeln wie für die optischen und akustischen Signale gelten auch für die Körpersignale. Ich kann entweder die Signale, die ich betrachten möchte, verstärken, oder ich kann das Hintergrundrauschen senken. In der Hakomi-Therapie bevorzugen wir die letztere Möglichkeit. Ein Signal zu verstärken bringt die Gefahr mit sich, daß wir es in irgendeiner Weise bewußt beeinflussen und dadurch wahrscheinlich seine bisher unbekannte Bedeutung verändern. Wenn sich ein Klient zum Beispiel wütend fühlt und bemerkt, wie er die Faust ballt, könnten wir ihn auffordern, diese Spannung zu verstärken. Dieser Willensakt der Spannungsverstärkung, der im allgemeinen aus dem Alltagsbewußtsein kommt, wird das Signal formen. Daher kann ich nicht wirklich darauf lauschen, was meine Hand tatsächlich hinsichtlich meines Ärgers ausdrücken will. Ich werde vielmehr etwas über das lernen, was ich bewußt und absichtlich in meine Hand sende. Wenn ein Therapeut den Klienten auffordert, ein Signal zu verstärken, kann das ungewollte Folgen haben, insbesondere, daß der Klient nicht weiß, ob das Erleben von innen kommt oder gewollt war. Er weiß nicht, ob das Signal provoziert oder vom Therapeuten unrealistisch übertrieben wurde oder ob es wirklich authentisch ist.
Manchmal verstärken wir auch das Signal, aber nur dann, wenn aus irgendeinem Grunde der andere Weg – die Senkung des Hintergrundrauschens – nicht gangbar ist.
Wir helfen lieber dem Klienten, sich zu entspannen, damit die Sensitivität erhöht, seine Wahrnehmung klarer und wacher wird und die Signale deutlicher wahrnehmbar werden. Es ist wie am Meeresstrand – wenn sich bei Ebbe das Wasser zurückzieht, werden die Steine und Muscheln, die schon vorher da waren, deutlich sichtbar.
Wenn wir unseren inneren Signalen vertrauen und lernen, ihnen zu folgen, gewinnen wir immer mehr Klarheit darüber, wie wir uns organisieren und was wir brauchen. Auf diese Weise können

wir angemessener und befriedigender handeln. Der Sensitivitätskreis liefert uns daher ein Modell dafür, wie Sensitivität, Information und Erleben miteinander verknüpft sind und wie wir diesen Zusammenhang für persönliches Wachstum nutzen können. Er kann uns auch dabei helfen, Situationen zu vermeiden, die Verwirrung und Schmerz erzeugen.
Die verschiedenen Charakterstile haben ihre typischen Barrieren, an denen sie an den einzelnen Stellen des Sensitivitätskreises hängen bleiben. Diese Barrieren verhindern die fortschreitende natürliche Entfaltung, individuelles Wachstum und eine befriedigendere Selbstorganisation.

Die Struktur der psychischen Organisation

> Alles, was wir von unserer Welt als »wirklich« zu erkennen glauben, entsteht erst auf der Bühne in unserem Kopf. Billionen von »Verdrahtungen« weben das Muster und steuern die Reaktionen.
>
> *(Bild der Wissenschaft)*

Jeder Computer hat interne Programme, die in der Maschinensprache geschrieben und in besonders geschützten Speichern abgelegt sind. Diese Grundprogramme, nach denen der Computer operiert, müssen besonders geschützt werden, um die Gefahr auszuschalten, daß man zufälligerweise an ihnen herumpfuscht und so den Computer funktionsuntüchtig macht. Man muß besondere Prozeduren anwenden, um diese Programme zugänglich zu machen, z. B. um sie zu verbessern.
Wir glauben, daß man das auch für gewisse Aspekte der menschlichen Psyche so sehen kann; denn auch wir besitzen grundlegende, organisierende und Entscheidungen treffende Strukturen, die die Grundlagen des menschlichen Verhaltens und Erlebens bilden, dem Alltagsbewußtsein aber nicht zugänglich sind. Beim Menschen nennen wir diese internen geschützten Programme

»Anschauungen« oder »Überzeugungssysteme«. Man kann sich diese Anschauungen als axiomatische Theorien vorstellen, die ein sich entwickelnder Mensch über die Welt und sich selbst bildet, z. B. »Die Welt ist sicher und unterstützt mich«, »Mein Wert wird durch das bestimmt, was ich leiste«, »Ich kann mich nicht frei entscheiden«, »Ich bin unwichtig«, »Ich bin häßlich« oder »Ich darf keinen Lärm machen«.

Übung 9: Das Geheimnis

In dieser Übung geht es hauptsächlich darum zu untersuchen, was für Einstellungen du hast, die bestimmen, wie weit du dich anderen Menschen zeigst oder dich versteckst.

1. An einem passenden Ort mache deine Augen zu und werde innerlich achtsam.
2. Stelle dir vor, du bist mit deinem Partner oder einem Freund oder einer Freundin zusammen.
3. Laß dir ein »Geheimnis« einfallen, das du eigentlich nicht mitteilen möchtest.
4. Stell dir vor, du bist mit dieser Person zusammen und du bist dir dabei bewußt, daß du das Geheimnis in dir drinnen hältst. Beobachte deine Körperreaktionen dabei.
5. Beobachte, wie du, wie dein Körper dieses Geheimnis zurückhält. Genau wie machst du das innen? In welchem Grad ist dein Körper an dem Halten beteiligt? Wie macht er das?
6. Untersuche, was für eine Einstellung sich im Halten verbirgt. Welche Einstellung kontrolliert, was ausgedrückt und was zurückgehalten wird?
7. Finde einen Satz, der diese Haltung/Einstellung beschreibt.
8. Laß dir etwas Zeit zu untersuchen, wie sich diese Einstellung in deinem Leben zeigt.

Richard Bandler und John Grinder, die Begründer des Neuro-Linguistischen Programmierens, sprechen davon, daß jeder Mensch ein Modell der Welt in sich trägt. Sie behaupten, daß berühmte Therapeuten mit anscheinend magischen Fähigkeiten ». . . Veränderungen in den Modellen der Klienten schaffen, die

ihren Klienten mehr Verhaltensmöglichkeiten erlauben« (Bandler u. Grinder, 1981, 40).
Solche Modelle bestehen aus Anschauungen oder Theorien und unterscheiden sich scharf von einem Individuum zum anderen. Der Buddhismus hat ähnliche Vorstellungen. Walt Anderson schreibt:

Was den Aspekt der persönlichen Entwicklung angeht, ist aus buddhistischer Sicht die Umwandlung aller Vorstellungen, die man von sich selbst hat, der Maßstab des Erfolges. Und: (Es ist) eine Grundthese der buddhistischen Psychologie . . ., daß die Gefühlsfärbung einer jeden Situation weitgehend davon abhängt, welche Vorstellungen wir ihr überstülpen. (Anderson, 1981, 34 u. 103)

Ein Kind wächst in einer relativ engen Umwelt auf, nämlich der seiner Eltern, aber es zieht aus dieser Umwelt Schlüsse auf die ganze Welt. Diese Schlüsse sind endgültig. Sie werden in die Vorüberlegungen bei Entscheidungen über die richtigen Verhaltensweisen eingeschlossen, und sie scheinen mit dem Hintergrund des täglichen Lebens zu verschmelzen. Die meisten dieser Anschauungen werden nicht in Worten ausgedrückt, und sie werden selten bewußt durchdacht. In den meisten Fällen entstanden diese Anschauungen zu einer Zeit, als das Kind noch keine differenzierte Sprache beherrschte. Später mögen einige Anschauungen verbalisiert worden sein, aber in den meisten Fällen werden sie in Gefühlen, Bildern, Erinnerungen und im Körper bewahrt. Diese Anschauungen werden so sehr Voraussetzung und Hintergrund für alles, was eine Person erlebt, daß sie nicht mehr bewußt erfahren werden können.
Ein kleines grünes Männchen von einem anderen Planeten, auf dem alles grün ist, würde nicht merken, daß es grün ist, bis es in sein Raumschiff steigt und auf einem blauen Planeten landet und bemerkt, daß auch etwas Blaues existiert. Uns geht es in unserer kleinen besonders gefärbten Welt ähnlich, die wir erst wahrnehmen können, wenn wir eine andere Welt betreten. In der Hakomi-Therapie gehen wir davon aus, daß die Grundfarben von den tiefsten Anschauungen bestimmt werden, die das Kind in seinen

ersten Lebensjahren lernt. Aus diesen Grundfarben wird eine differenzierte und erweiterte Welt ausgebaut. Nichtsdestoweniger bleiben die ursprünglichen Farben erhalten und repräsentieren die geschützten internen Programme, die nicht hinterfragt werden, weil sonst unsere ganze persönliche Welt täglich auseinanderfallen könnte.

Wir wollen uns ein Mädchen vorstellen, das in seiner frühen Kindheit herausfand, daß die Menschen, die sie liebt, jedesmal, wenn sie die Hände nach ihnen ausstreckte, mit Rückzug reagierten, indem sie sich ihm nicht öffneten oder es sogar zurückwiesen. Ein Teil seiner Welt wird von einem ängstlichen Schmerz überschattet sein. Sie wird jetzt die Zurückweisung erwarten. Vielleicht hegt sie eine kleine Hoffnung, aber tief im Inneren wird sie mit dem Ausstrecken der Hände sehr vorsichtig sein. Und sie wird sich um die Überzeugung herum organisieren, daß sie ihre Hände nicht nach anderen ausstrecken kann. Sie wird wahrscheinlich nach anderen Wegen suchen, um Aufmerksamkeit und Wärme zu bekommen, und sie wird vielleicht ein erfolgreiches System auf diese beschränkten und schmerzhaften Teile ihrer Persönlichkeit aufbauen, die zu ihrer Welt gehören wie das Licht zum Tag. Wenn sie erwachsen ist, wird sich ihr Körper wahrscheinlich um diese Gefühle herum geformt haben – ein leichtes Zurücknehmen, eine leichte Spannung in ihren Schultern und Armen, ein Beschützen des Herzens durch ein Zusammenziehen der Schultern. Weiterhin könnte sie feststellen, daß ihre Beziehungen nicht sehr gut funktionieren, und daß, wenn sie jemandem nahekommt, immer etwas Komisches passiert und Schwierigkeiten entstehen. Vielleicht findet sie psychologische Unterstützung und stellt fest, daß ihre Situation irgendwie mit der Art verknüpft ist, in der ihre Eltern sie behandelt haben. Dieses Wissen wird allerdings erst einmal nichts ändern, denn sie lebt immer noch in ihrer einzigartig gefärbten Welt.

Bandler und Grinder beziehen sich auf diese Art von grundlegenden organisierenden Theorie-Anschauungen, wenn sie schreiben:

... menschliches Verhalten, egal wie bizarr es auch zuerst erscheinen mag, ergibt einen Sinn, wenn es im Kontext der in seinem Modell möglichen Wahlen gesehen wird. (Bandler u. Grinder, 1981, 35)

Anschauungen und Transformation

> Wer etwas weiß und nicht entsprechend handelt, weiß noch nicht genau genug.
>
> *J. M. Guyau*

In der Hakomi-Therapie helfen wir unseren Klienten, die Anschauungen zu erleben, die ihre Welt färben. Da dies nicht im Alltagsbewußtsein geschehen kann, müssen wir einen besonderen Weg einschlagen, um Zugang zu den geschützten Programmen zu erhalten; denn nur wenn die Anschauungen lebendig und konkret werden, wenn das ursprüngliche Kindheitsbewußtsein als wirklich in der gegenwärtigen Erfahrung erlebt wird, kann man möglicherweise eine andere Tönung seiner Welt in Betracht ziehen und vielleicht eine andere Einfärbung ausprobieren. Im obenstehenden Beispiel konnten wir den Zugang zu dem Teil des Bewußtseins öffnen, der die ursprüngliche Anschauung enthält, und dann eine überraschende Erfahrung anbieten: Wir gaben der Klientin die Gelegenheit, die Arme nach jemandem auszustrekken und zu erleben, daß diesmal jemand da ist und daß nicht immer alles so ist, wie sie es sich vorstellt. Hier beginnt der Wandel. Zu ihrer Überraschung kann sie die Welt anders erleben: Manchmal ist jemand da, wenn ich die Arme ausstrecke. Ein Teil ihres angsterfüllten Schmerzes, der ihre Welt gefärbt hat, kann sich jetzt auflösen, und zuvor unmögliches Verhalten wird jetzt möglich.

Um den Ort in unserer Klientin zu erreichen, an dem ihre Grundanschauungen lebendig werden, wählten wir den Weg des veränderten Bewußtseins. Am Anfang können wir mit Hilfe der Achtsamkeit ein leicht verändertes Erleben herbeiführen. Im Laufe der Arbeit wird dieses Erleben vertieft und verstärkt und schlägt dann in eine grundlegendere Erfahrung um, die von internen Strukturen getragen wird, die dem Alltagsbewußtsein

unzugänglich sind. Dieses Vertiefen wird im allgemeinen von typischen, hierarchisch geordneten Erlebensweisen begleitet. Wenn unsere Klienten die Welt der Gedanken und Theorien verlassen, beschäftigen sie sich gewöhnlich mit Körperempfindungen, die sie jetzt präziser und differenzierter wahrnehmen. Der nächste Schritt besteht in einem Wechsel zu Gefühlen. Aus starken Empfindungen in der Brust und im Hals können intensive Gefühle wie Traurigkeit entstehen. Wenn wir bei diesem Gefühl bleiben und es betrachten, steigen als nächstes gewöhnlich Bilder und Erinnerungen auf, die das enthalten, was wir wirklich zu erreichen suchen: die Gelegenheit, das Kindheitsbewußtsein zu erleben, zu beobachten und zu verstehen.
Wenn wir diese Prozesse mit dem Sensitivitätskreis in Verbindung setzen, haben wir jetzt mit Hilfe besserer Entspannung und erhöhter Sensitivität bestimmte Informationen erhalten, die den Klienten verstehen lassen, was er braucht. Genau in diesem Moment bieten wir an, was der Klient will oder was gut für ihn ist, im allgemeinen etwas Stärkendes oder Unterstützendes. Es ist in einem psychotherapeutischen Prozeß wichtig, zumindestens für eine kurze Zeit die Welt deutlich in einem anderen Licht zu erleben und zu verstehen. Wenn ich zum Beispiel statt einer Welt, in der ich keine Unterstützung bekomme, eine andere kennenlerne, in der ich manchmal unterstützt werde, dann kann der Teil, der die Anschauung von der nicht unterstützenden Welt hält, die neue Möglichkeit erleben, und das ganze System wird erschüttert: Die Veränderung pflanzt sich von den Grundanschauungen über die gut differenzierten Überzeugungen bis zu den tagesspezifischen Tönungen von Erleben und Verhalten fort.
Eine Klientin schickte uns nach einem Hakomi-Workshop, in dem sie eine tiefe Erfahrung gemacht hatte, folgenden Brief, den sie »Die Saat eines Selbst« überschrieb:

Der zweite Tag des Hakomi-Workshops: Ich bin verwirrt. Soll ich den Prozeß lernen, oder bin ich der Prozeß des Lernens? Alle scheinen so gefaßt und präsent zu sein. Meine Gedanken zerflattern zwischen hier und da, Zeiten und Orten, Vergangenheit und Gegenwart. Je mehr ich ruhig zu bleiben versuche, desto mehr scheint mein Inneres zu zerfallen.

Wir machten eine Übung, bei der wir unsere inneren Reaktionen auf Sonden beobachten sollten (Sonden sind vom Therapeuten angebotene experimentelle Sätze, d. A.). Ich fühlte kaum etwas, bis der Satz kam: »... Du bist hier sehr willkommen.« Sofort brach eine Lawine von inneren Stimmen in mir los, die die Absurdität einer solchen Behauptung verkündeten. Die Stimmen tobten und schrien in der gewohnten verächtlichen Art: Du bist wertlos, du solltest dich schämen, mit dir hat man keinen Spaß, wer sollte dich schon willkommen heißen, usw. usw. Die Stimmen kamen aus der Mitte meines Kopfes, und hinter meinen Augen baute sich ein intensiver Druck auf.

Instinktiv bedeckte ich meine Augen und ging in die fötale Haltung. Sicher in meinem Kokon erlebte ich ein Gefühl von Zeitlosigkeit; es hätte heute, gestern oder vor Äonen sein können. Mein Gewahrsein war ausgefüllt mit der starken Empfindung, in einem gewichtslosen Raum zu trudeln. Ich fiel in immer tiefere Zustände des Loslassens. Meine sonst angespannten Beine waren vom Loslassen verschwitzt, und die ganze Zeit wiederholte eine beruhigende Stimme die Sonde. Langsam verwandelte sich mein anfängliches Entsetzen in Glauben ... Ich bin hier völlig willkommen ..., auf diesem Planeten, in diesem Leben, und bei diesen Menschen.

Ungefähr zwei Wochen später ...

Auf dem Weg zu einer Verabredung (wobei ich viel Zeit hatte) fiel mir ein, einfach bei einem Freund vorbeizuschauen. Laut erhoben sich meine Zweifel; denn wie gut muß man befreundet sein, um einfach unangemeldet bei jemandem vorbeizukommen? Inmitten des wachsenden Protests sprach eine zuversichtliche und klare Stimme (war es meine eigene?): »Du bist hier sehr willkommen.«

Ich schaute bei meinem Freund vorbei. Er begrüßte mich herzlich.

Diese Frau hat sich nicht bemüht, im Alltag eine neue Anschauung auszuprobieren. Das unbewußte Kind in ihr hatte eine neue Überzeugung gewonnen, die sie dann an ihrem Verhalten bemerkte. Sie lebte ihr Leben mit einem veränderten Programm und erkannte ihre gewandelte Anschauung durch deren Reflektionen in ihrem Leben.

Warum ist es so wichtig, gerade in den Überzeugungssystemen Veränderungen zu bewirken? Warum ist es so wichtig, daß wir

diese Anschauungen verstehen, daß wir Dinge betrachten, die in uns verborgen sind und sie in unserem Bewußtsein abbilden? Die Erkenntnistheoretiker Popper und Eccles betonen, daß der Mensch das einzige Lebewesen ist, das Theorien über sich selbst entwickeln und sich symbolisch repräsentieren kann. Wir entwickeln eine Weltsicht, die unser Verhalten steuert. Tiere haben eine Art vorprogrammierte Weltsicht, während wir Menschen die Fähigkeit besitzen, eine bestimmte Anschauung zu wählen. Wir entwickeln ein Modell oder auch, wie es manchmal genannt wird, eine »Karte« der Realität, die bestimmt, wie wir uns verhalten und wie wir wahrnehmen. Wenn diese Karte nicht bewußt wird, dann scheint sie die »Realität« zu sein. Wir können die Karte erst dann hinterfragen, wenn sie bewußt abgebildet ist. Dann können wir uns überlegen, ob sie richtig oder falsch für uns ist.
Deshalb halten wir die Transformation in der therapeutischen Arbeit erst dann für vollständig, wenn eine Grundanschauung im Bewußtsein des Klienten symbolisch abgebildet ist (z. B. in Form von Sprache) und er sich eine alternative Anschauung in freier Wahl angeeignet hat.

Der Umgang mit anderen Bewußtseinszuständen

Unterschiedliche Bewußtseinszustände können helfen, die interne Organisation zu beobachten und zu verstehen und Anschauungen zu erkennen, die die Grundlage allen Verhaltens und Erlebens bilden. Weiterhin können sie die Erfahrung ermöglichen, daß diese Anschauungen geändert und erweitert werden können. Es ist wichtig zu lernen, achtsam und sensitiv zu sein und die eigene Stärke zu erkennen, um schmerzhafte Erlebnisse ertragen zu können. Man kann herausfinden, daß hinter diesem Schmerz Alternativen liegen. Der Therapeut hilft dem Klienten dabei, die Voraussetzungen zu schaffen, indem er z. B. andere Bewußtseinszustände ermöglicht oder immer unterstützend an

der Seite des Klienten bleibt. Der Therapeut hilft, beim Erleben zu bleiben, es zu vertiefen und seine Bedeutung zu finden. Der therapeutische Wandel kann stattfinden, wenn der Klient deutlich seine alten Anschauungen erkennt und wenn sich neue Erfahrungen entfalten können, die auf einer neuen und nährenden Überzeugung aufgebaut sind.
Wir wollen nun zwei Bewußtseinszustände erörtern, die wir von der Achtsamkeit unterscheiden und die der Therapeut auf spezifische Weise behandelt.

Durch die Stromschnellen

Recht oft rutscht ein Klient in einem therapeutischen Prozeß plötzlich in ein Erleben, das heftige Emotionen auslöst. In solchen Momenten mag sich der Klient wie in einem Kanu in reißendem Gewässer fühlen, der Strömung ausgeliefert. Dann ist er völlig damit beschäftigt, seinen Weg durch die Strömung zu finden, und es ist fast unmöglich, den Beobachter wach und im Kontakt zu halten. Es ist, als ob ein Damm gebrochen wäre, hinter dem sich eine enorme Menge an Gefühlen jahrelang aufgestaut hat. Wenn dieser Damm bricht, dann ist es für den Organismus gut, sich auszudrücken. Wir helfen dem Klienten, diese Situation zu meistern, indem wir alles unterstützen, was spontan auftritt. Die Hakomi-Methode unterscheidet sich hier von anderen Therapieformen. Auch wenn dieser Bewußtseinszustand wichtig und befreiend ist, so kann der therapeutische Kernprozeß in diesem Zustand nicht stattfinden. Wir warten, bis die turbulente Bootsfahrt in ruhigerem Wasser endet und sprechen dann den inneren Beobachter wieder an. Für uns ist nicht die Menge an Gefühlen entscheidend, sondern vielmehr die Möglichkeit, die Qualität der Gefühle zu betrachten und die Signale zu erkennen, die uns sagen, was gebraucht wird. Das kann nur im Zustand der Achtsamkeit geschehen. Auch wenn es wichtig ist, seine Gefühle frei auszudrücken und sie annehmen zu können, tragen sie in den meisten Fällen wenig zur Veränderung bei.

Daher nehmen wir uns nach jedem starken Gefühlsausbruch die Zeit, ihre Bedeutung zu verstehen.

Kindbewußtsein

Ein weiterer, deutlich unterschiedener und für die Therapie sehr fruchtbarer Zustand ist »das Kind«. Christa, eine Teilnehmerin an einem unserer Workshops hatte eine Zeitlang tief gearbeitet und war an dem Punkt, wo sie erleben konnte, wie es wäre, einen anderen Vater zu haben. Es war der Klientin völlig klar, daß der neue Vater ein Matrose sein mußte aus dem einfachen Grund, daß er dann nicht so oft zu Hause wäre. Der Therapeut beschloß, das Erlebnis mit dem neuen Vater vorsichtig zu vertiefen und las einen ausgedachten Brief des Vaters vor, der mit den Worten begann: »Hier ist ein Brief von deinem Vater aus Hong Kong«. An dieser Stelle fragte Christa mit der kindlichen Stimme einer Zweijährigen: »Was ist Hong Kong?«. Natürlich wußte die Frau Christa, was Hong Kong ist, und auf irgendeiner Ebene war sie sich dessen auch bewußt. Ihr Bewußtseinszustand war allerdings »das Kind«. Sie fühlte wie ein Kind, mit all den Eigenschaften, Möglichkeiten und Beschränkungen, die ein Kind hat. Es ist, als ob der Therapeut eine direkte Verbindung zu dem Kindheitsbewußtsein von vor 30 oder 40 Jahren aufnimmt, als bestimmte wichtige Entscheidungen getroffen wurden. In diesem Zustand ist es sehr leicht, dem Kind neue praktische Anschauungen sichtbar zu machen und sie ausprobieren zu lassen. Der Therapeut nähert sich dem Klienten in solchen Situationen auf besondere Art. Er handelt wie ein mitfühlender, intelligenter Erwachsener und nimmt sich die Zeit, die Welt des Kindes zu erforschen und mit ihr in Kontakt zu treten. Schließlich läßt er das Kind auf die eine oder andere Art wissen, daß dies die Welt ist, in der es und seine Eltern lebten, daß sie wirklich manchmal unerfreulich und schmerzhaft ist, und daß sie wirklich auch ganz anders sein kann. Im vorstehenden Beispiel erlebte Christa, daß ein »Vater« nicht immer ein brutaler Mensch sein muß, sondern daß sie einfach in eine schwierige Situation hineingeboren wurde. Stattdessen kann ein Mann auch lieben und Wärme geben. Die Klientin kann jetzt erkennen, daß die Entscheidungen, die sie damals getroffen hatte, nicht mehr angemessen sind und daß sie jetzt in einer Welt lebt, in der sie viel von dem bekommen kann, wonach sie sich sehnt.

Übung 10: Familienbotschaft

In dieser Übung geht es hauptsächlich darum, einen kleinen Teil von dem zu untersuchen, was du noch heute von deiner Familie in dir herumträgst.

1. An einem passenden Platz schließe deine Augen und werde innerlich achtsam.
2. Stell dir vor, daß du entweder deinem Vater oder deiner Mutter in einer dir passenden Entfernung gegenüberstehst. (In einem zweiten Durchgang kannst du dann dieselbe Übung mit dem anderen Elternteil wiederholen.)
3. Beobachte, wie dein Fühlen und Empfinden durch diese Gegenüberstellung beeinflußt wird.
4. Achte darauf, was für Botschaften (Wünsche, Erwartungen, Anforderungen, Hoffnungen usw.) von diesem Elternteil an dich »herübergeschickt« werden.
5. Wo in deinem Körper spürst du die Botschaften? Wie genau kannst du sie jetzt im Moment in deinem Körper lokalisieren?
6. Welche Botschaften hast du nicht angenommen, haben kein Leben in dir gefunden? Welche hast du dir einverleibt und zu deinen eigenen gemacht?
7. Untersuche für dich selbst, was von dem Einverleibten du behalten willst und was du gerne ändern oder ablegen möchtest.

Wie kannst du diese Erfahrung am besten für dich verwerten?

3. Kapitel

Gewaltlosigkeit und Psychotherapie

Gewalt und Kultur

Gewalt ist uns zur zweiten Natur geworden. Wir leben in einer Tradition, die Natur als etwas betrachtet, das behandelt und kontrolliert werden muß. Wir sind davon überzeugt, daß wir uns allem, was wir als Hindernisse oder Schwierigkeiten betrachten, entgegenstellen müssen. Wenn auf einer Baustelle für ein Haus einige Bäume stehen, gehen wir automatisch davon aus, daß sie gefällt werden müssen. Wenn uns jemand ärgert, versuchen wir, ihn zu ändern. Wenn jemand eine andere Meinung vertritt, besteht die übliche demokratische Methode darin, ihn zu überstimmen. Wir neigen dazu, alles zu ändern, was uns im Wege steht und den Fluß der Dinge, so wie wir ihn haben möchten, stört. Die Einstellung ist: »Ich passe mich nicht der Welt an, sondern die Welt soll sich mir anpassen.« Wenn du dir einmal Zeit nimmst und diese automatische Neigung einige Tage an dir beobachtest, wirst du fasziniert davon sein, wie sehr sie dir in Fleisch und Blut übergegangen ist. Wenn ich morgens nach dem Aufstehen immer noch müde bin, entscheide ich mich nicht, noch etwas zu schlafen, sondern trinke stattdessen eine Tasse Kaffee. Wenn mir jemand irgendeine verkehrte politische Theorie nahebringt, versuche ich nicht, zuzuhören und herauszufinden, was diese Person daran so überzeugend findet, sondern ich versuche, meine eigene Meinung durchzusetzen. Und es scheint mir sicherlich auf der Hand zu liegen, wenn einer meiner Freunde wütend auf mich ist, daß es irgendwie sein Problem ist. Diese Art von Gewalt ist so sehr Teil unserer Natur geworden, daß wir sie nicht mehr bemerken. Albert Einstein sagte, daß der Fisch der letzte sein wird, der das Wasser entdeckt. Das heißt aber nicht, daß unsere Beziehung zur Gewalt so zu sein hat, wie sie ist. Es gibt gewaltlose Alternativen. In der chinesischen Geomantie, der Lehre von der geheimen Kraft der Erde, wird z. B. bei der Planung eines Hauses akkurat darauf geachtet, daß es mit seiner natürlichen Umgebung eine Einheit bildet. Ähnlich bewerten manche Kulturen bei Entscheidungen den Konsens sehr viel höher als die Mehrheit.

Es gibt Zeiten, in denen man glaubt, nachdrücklich, plötzlich und sogar hart intervenieren zu müssen. Ein weiser Leiter tut das nur, wenn alles andere fehlgeschlagen ist. In der Regel fühlt sich der Leiter ganzheitlicher und der Gruppenprozeß fließt freier und entfaltet sich natürlich, wenn er öfter fein als hart interveniert . . . Selbst wenn harte Interventionen von glänzendem Erfolg gekrönt sind, gibt es keinen Grund zum Feiern. Jemand ist verletzt, ein Prozeß ist gestört worden. Später kann die Person, deren Prozeß gestört worden ist, leicht weniger offen sein und stärker abwehren . . . Aus diesem Grunde ist ein Sieg in Wirklichkeit eine Niederlage. (Heider, 1985)

Wir Abendländer scheinen aus unseren gewalttätigen Einstellungen beträchtliches Kapital geschlagen zu haben. Wir haben versucht, klüger zu sein als die Natur und haben um Dinge gekämpft, die sie uns nicht freiwillig gegeben hat. Wir haben einen Überfluß an Technik, Reichtum und Wissen angehäuft. Niemand kann die Natur besser dominieren als der Mensch. Leider – oder sollten wir lieber Gott sei Dank sagen – ist möglicherweise eines der letzten Kapitel dieser Geschichte aufgeschlagen worden. Wir können der Natur einfach nicht mehr abringen und mehr von ihr verlangen, weil sie stirbt. Und wir, die wir auch Teil der Natur sind, behandeln uns oft selbst genauso. Wir haben unsere Körper, unseren Geist und unsere Seele in einem Ausmaß mißbraucht, daß einige Experten im Bereich der seelischen Gesundheit glauben, daß wir alle Psychotherapie brauchen.

In der Psychotherapie wie auch in unseren Versuchen zur Selbsthilfe werden wir wieder mit unseren gewalttätigen Einstellungen konfrontiert. Wir ringen mit uns, strafen uns, üben Druck auf uns aus, wir sagen, daß wir uns ändern müssen. Wir entdecken schlimme Dinge in uns, und wir meinen, daß wir sie überwinden müssen. Unsere intuitiven Strategien beruhen größtenteils auf Kämpfen, Herausforderungen und Unterdrückung dessen, was wir als im Weg stehend betrachten. Viele Klienten bitten explizit darum, konfrontiert und provoziert zu werden. Der Kampf, den sie in sich selbst austragen, genügt ihnen nicht. Und traurig genug kennen viele Psychotherapeuten keinen anderen Weg als zu versuchen, ihnen dabei zu helfen, das auszumerzen, was ihnen im Wege steht. Sie frustrieren, provozieren und stellen die Bedürfnisse des Klienten bloß. Die Selbstschutzreaktion des Klienten, mit der er seine weichen und sensitiven Teile vor dieser Gewalt schützen will, wird dann oft als Widerstand gedeutet und mitleidlos herausgefordert. Wir wollen nicht sagen, daß alle Therapeuten oder alle Klienten sich in dieser Weise verhalten. Nichtsdestoweniger sind dies die Strategien, die in unserer Kultur unterstützt werden, und es fällt uns sehr schwer, sie in den Blick zu bekommen und Alternativen zu sehen. In diesem Kapitel werden wir den Leser mit einer anderen Sichtweise bekannt machen, die nicht von dem Dominanzstreben über die Natur bestimmt ist und auch so Möglichkeiten für persönliches Wachstum bereitstellt. Wir werden auch darüber sprechen, wie der Therapeut seinen Klienten helfen kann, die Stärke und Klarheit zu gewinnen, die sie zur Bewältigung ihres Lebens und zur Eröffnung neuer Möglichkeiten brauchen.

Übung 11: Bodenkontakt

Partnerübung

1. Macht aus, wer Erfahrender (E) und wer Begleiter/Helfer (B) ist.
2. E legt sich auf den Boden auf eine feste und harte, aber

ausreichend bequeme Unterlage, z. B. auf einen Teppich. E nimmt sich etwa eine Minute Zeit, innerlich achtsam zu werden.

3. B schaut, wo der Körper von E zum Boden Lücken bildet (z. B. Nacken, Handgelenke, unterer Rücken, Knie usw.). Dann schiebt er eine Hand ganz sanft und langsam in eine dieser Lücken und hält sie dort für etwa 3 bis 5 Minuten. Die Hand sollte sich nicht bewegen und nur ein klein wenig Gewicht des Körpers tragen.
4. E berichtet aus dieser Situation heraus, was dabei in ihm/ihr geschieht.
5. Dies kann mit einigen oder allen Lücken wiederholt werden.
6. Danach setzt euch auf und untersucht gemeinsam (unter Führung von E), wie das Erlebte mit dem allgemeinen Lebensgefühl von E zusammenhängt.

Die Natur des Lebendigen

Die Hakomi-Therapie ruht auf einer ausgefeilten philosophischen Einstellung, Viele Autoren haben sich mit diesen Gedankengängen befaßt, und in diesem Kapitel wollen wir Gregory Bateson, Ken Wilber, Fritjof Capra, Laotse und Alan Watts heranziehen, um diese Einstellung darzustellen.
Wir machen uns aus zwei wichtigen Gründen philosophische Gedanken. Erstens gehen wir davon aus, daß der Therapeut auf die eine oder andere Weise seine eigenen Einstellungen und Grundanschauungen dem Klienten vermittelt und daß diese (im allgemeinen unbewußten) Vorurteile des Therapeuten zum Problemlösungsmodell für den Klienten werden. Daher ist entscheidend, daß der Therapeut weiß, wo er steht und was er vermittelt. Diese Ansicht wird durch die Psychotherapieforschung bestätigt: Man hat festgestellt, daß am Ende einer erfolgreichen Therapie die Einstellung des Klienten sich signifikant den Einstellungen und Werten des Therapeuten angenähert hat.

Der zweite Grund für unsere Betonung von Philosophie besteht darin, daß wir viele persönliche und kulturelle Einstellungen als uneffektiv und unerwünscht betrachten. Wie können wir dann die Grundlagen für neue Wege des Denkens und Handelns entwerfen? Genauer gesagt, welches sind die Eigenschaften von Natur und besonders organischer Natur, die uns zeigen können, wie sinnvolle therapeutische Strategien auszusehen haben? Die von uns beschriebenen Prinzipien sind so allgemein, daß sie auch für das tägliche Leben und nicht nur für die Psychotherapie gültig sind. Es sind keine rein philosophischen Gedankenspiele, sondern sie bilden die Fundamente des therapeutischen Verhaltens in der Hakomi-Therapie und für wichtige allgemeine Einstellungen des Hakomi-Therapeuten.

Entropie und Syntropie

Wir wollen mit einigen Gedanken zur Natur beginnen, die Gregory Bateson in seinem Buch »Geist und Natur« ausgeführt hat. Er betrachtet zwei Eigenschaften von Materie in diesem Universum: Entropie und Syntropie (die er Negentropie nennt). Gerade in den letzten Jahren haben sich eine Reihe von Autoren mit diesem Thema beschäftigt, auch wenn die Eigenschaften der Entropie in der Physik bereits seit langem bekannt sind. Entropie beschreibt die Tendenz der Materie, im Laufe der Zeit ihre strukturelle Organisation zu verlieren. Wir brauchen nur an die Halbwertszeiten der radioaktiven Elemente zu denken, um uns vorzustellen, wie alle Teilchen sich immer weiter auflösen und in kleinste Teile zerfallen, bis eine amorphe Masse entstanden ist, die sich gleichmäßig über das gesamte Universum verteilt. Glücklicherweise brauchen wir nicht auf diesen Moment zu warten, und zwar nicht, weil er so weit in der Zukunft liegt, sondern weil eine Gegenkraft wirksam ist, die als Syntropie langsam ihren Eingang in die wissenschaftliche Diskussion findet.

Syntropie beschreibt den entgegengesetzten Prozeß zur Entropie.

Sie ist durch die bemerkenswerte Eigenschaft der Materie gekennzeichnet, sich fortlaufend in neuer und immer komplizierterer Weise zu organisieren. Die Religionen haben schon immer diese Kraft erkannt und ihr die unterschiedlichsten Namen gegeben. Für die Theologie hat Teilhard de Chardin versucht, diese Kraft in eine andere Sprache zu übersetzen, während für die moderne Naturwissenschaft Ilja Prigogine den Nobelpreis für Chemie für seine Untersuchungen der syntropischen Eigenschaften der Materie erhielt.

Teile des Ganzen

Ähnlich wie die Botschaft beim »Stille-Post-Spiel« desorganisiert sich die Materie im Laufe der Zeit immer mehr. Während die Entropie an allem und jedem nagt, baut die Syntropie aus diesem zerlegten Material immer neue Strukturen auf. Das ist das Spiel von Leben und Tod, von Vishnu und Shiva, von Syntropie und Entropie. Bateson arbeitete einige fundamentale Prinzipien dafür aus, wie sich Einheiten in diesem konstanten Fluß organisieren. Ein wesentlicher Aspekt ist, daß ganze Einheiten immer aus kleineren Teilen bestehen, welche das Ganze herstellen, das wiederum Teil eines größeren Ganzen ist. Der Mensch z. B. besteht aus Teilen wie Herz, Leber, Lunge usw., die wiederum aus verschiedenen Zellen bestehen, usw. Der Mensch seinerseits ist Teil größerer Ganzer, der Familie, der Gruppe, der Gesellschaft und schließlich der Biosphäre, die wiederum Teil von wer weiß was ist . . .
Für die Hakomi-Therapie ist dabei wesentlich, daß in unserer abendländischen Kultur der Blick dafür verlorengegangen ist, daß das Ganze Teil eines größeren Ganzen ist. Wenn ich krank werde, betrachte ich eher meinen Magen oder meine Seele als krank und nicht den ganzen Menschen. Und auf der anderen Seite ist die Verbundenheit mit dem Rest des Universums verlorengegangen, und wir neigen dazu, uns als unabhängige Wesen zu betrachten.

Wie organisiert sich nun eine Ganzheit, die selbst Teil eines größeren Ganzen ist? Aus der gegenwärtigen wissenschaftlichen Sichtweise liegt der Schlüssel zu dieser Frage im Informationsfluß, der die einzelnen Teile miteinander verbindet und das Ganze organisiert. Jede Zelle meines Körpers muß »wissen«, wo sie sich befindet und welche Funktion sie hat. Mein Herz muß »wissen«, was meine Leber tut, und umgekehrt, damit sich diese Teile in das Gesamtsystem integrieren können. Um eine bedeutungsvolle Beziehung zu anderen Menschen aufzubauen, müssen wir ihre Erfahrung kennen, damit wir harmonisch und mitfühlend miteinander leben können. Ein gesundes, gut funktionierendes Ganzes wird von der Qualität des Informationsflusses zwischen allen seinen Teilen bestimmt. Jedes Teil steht dann in sinnvoller Beziehung zu jedem anderen Teil und unterstützt auf diese Weise die ganze Organisation. Diese Fakten bilden die Grundlage für die eminent wichtige Rolle, die die Information in unserem Therapiesystem spielt. Unsere Arbeit richtet sich auf diesen Informationsfluß zwischen den Teilen der inneren Erfahrung und zwischen Körper und Geist.

Energie und Information

In vielen Formen der körperorientierten Psychotherapie wird das Hauptgewicht auf den Energiefluß im Körper gelegt. Ein wesentliches Ziel dieser Therapien besteht darin, die Energie in alle Teile des Körpers frei fließen zu lassen. Es ist bisher noch nicht klargestellt worden, was diese Energie genau ist, und sie wurde daher von verschiedenen Therapierichtungen unterschiedlich interpretiert. Wir sind auch von der Existenz eines Energieflusses im Körper überzeugt, der wahrgenommen werden kann, wenn man sensitiv genug ist. Wir unterscheiden uns aber von diesen anderen Therapieformen darin, daß wir nicht versuchen, diesen Fluß zu beeinflussen. Wir sind im wesentlichen der Meinung, daß ein typischer Energiefluß die Organisation des gesamten Systems ausdrückt und damit ein Symptom ist. Wenn zum

Beispiel ein Klient kalte, schwache und niedrig energetisierte Hände hat, betrachten wir es nicht als unsere Aufgabe, die Energie durch Massage oder Übungen zu erhöhen. Wir gehen davon aus, daß dieses Phänomen eine tiefere Bedeutung hat, die für den Zusammenhang des Gesamtsystems sinnvoll ist. Das ganze System verursacht diese spezielle Energieverteilung. Der Grund liegt in irgendeiner zentralen Information, die den Körper dazu veranlaßt, sich auf diese spezielle Weise zu organisieren. Die nicht energetisierten Hände könnten bedeuten: »Wenn du mit der Welt in Berührung bist, könnten dir schreckliche Dinge geschehen, also fühle nicht«. Dies wäre ein einfaches Beispiel dafür, wie eine Informationsstruktur (hier eine Einstellung) den Körper beeinflussen kann und wie sich der Energiefluß auf diese Überzeugung einstellt.

Wir sind der Ansicht, daß man zur Veränderung des Energieflusses am besten die kalten Hände als Hinweis benutzt, um das Erleben der grundlegenden Anschauung aufzuschlüsseln und dann, wenn möglich, diese Anschauung zu verändern. Die Hakomi-Methode beruht auf dem Prinzip, daß der Energiefluß (wie auch andere Prozesse) im Körper sich ändert, sobald die Grundanschauung geändert ist. Wir versuchen daher, die Kontrollsysteme des Energieflusses zu beeinflussen, die in den inneren Informationsstrukturen des Individuums symbolisch repräsentiert sind. Im obigen Beispiel sind das vielleicht tief gespeicherte Bilder von schrecklichen Kindheitserfahrungen im taktilen Kontakt mit der Welt.

Bateson behauptet, daß in Organismen mit geistigen Prozessen die Energie kollateral ist. Damit will er sagen, daß die Intensität des Energieflusses für die Qualität der Organisation eines lebenden Systems ohne Belang ist. Es muß nur etwas Energie vorhanden sein, und selbst eine geringe Menge freifließender Energie genügt sicherzustellen, daß die Information alle Teile des Körpers erreicht, was wiederum die Verbindung aller Teile des Ganzen bewirkt. Dies wird durch die gut dokumentierten Leistungen der indischen Yogis bestätigt, die sich stundenlang in der Erde begraben lassen und kaum Energie benötigen, um ihre hochentwickelten internen Funktionen aufrechtzuerhalten. Ein anderes Beispiel sind die modernen Mikrocomputer, die dieselbe Leistung erbringen wie ihre hausgroßen Vorgänger. Sie brauchen in der Tat nur einen Bruchteil der Energie und ihre Effizienz ist erheblich größer.

Auf psychotherapeutische Situationen angewandt bedeutet das, daß wir nicht so viel mit dem Energiefluß zu arbeiten brauchen. Energie kann ein Hinweis sein und sich während der Therapie verändern, aber wir üben keinen direkten Einfluß auf ihren Fluß aus. Darüber hinaus sollte betont werden, daß ein hochenergetisches Geschehen wie eine starke emotionale Entladung nicht unbedingt stattfinden muß, um den Erfolg der Therapie zu gewährleisten. Ein Individuum kann auch ruhig und gelassen sein, um sich zu erforschen. Wir brauchen unsere Angst nicht bis zum letzten Tropfen auszukosten. Es genügt, wenn wir ihren Geschmack erproben und ihre genaue Qualität wahrnehmen, um uns den Erfahrungen zu öffnen, die Veränderung möglich machen. Eine Träne kann genauso wertvoll sein wie ein Tränenstrom, wenn wir nur die genaue Bedeutung hinter ihr erleben. Auch wenn Hakomi-Sitzungen manchmal laut und energiereich sind, haben sie denselben Effekt, wenn sie sehr ruhig und friedlich verlaufen. Wir ziehen es manchmal sogar vor, die Energie nicht zu stark werden zu lassen, weil unter ihrem Getöse, wie bei emotionalen Ausbrüchen, die subtile Information, die die Organisation des Überzeugungssystems enthüllen könnte, begraben werden kann.

Die Stichworte bei all diesen Überlegungen sind Einheit und Integration. Im wesentlichen bemühen wir uns, durch die Verbesserung des Informationsflusses zwischen den Teilen des Ganzen die Organisation des Ganzen zu verbessern. Dann kann man lernen, die Teile wieder anzunehmen, die zuvor schlecht integriert waren, und die Entwicklung einer Ganzheit zu unterstützen.

Das Organische schafft sich selbst

Wir möchten eine andere spezielle Eigenschaft des organischen Ganzen unterstreichen, die höchst wichtig für eine sanfte Einstellung in der Psychotherapie ist. Ein organisches Ganzes reguliert sich selbst und folgt seinem eigenen individuellen Weg. Das ist keine revolutionäre Aussage, sondern eine Selbstverständlichkeit. Wenn jemand einen Samen legt, kommt er nicht im Traum auf die Idee, er könne beeinflussen, was herauswächst. Aus einem Fichtensamen wird eine Fichte und keine Eiche und aus einem Radieschen kein Kohlkopf.

An diesem Gedanken sind zwei Dinge wichtig: Erstens ist selbst ein Radieschen so kompliziert, daß auch die modernste Wissenschaft seine systemische Organisation nicht ganz erklären kann. Vielleicht werden wir einige Aspekte verstehen können, aber nur auf der Ebene, auf der die Wissenschaftler arbeiten. Unser Geist kann nur Aspekte von Dingen begreifen, nicht die Wirklichkeit eines Organismus.

Insbesondere ein Organismus wie der menschliche Körper ist in seiner Totalität nicht von außen zu begreifen. Das Ganze ist eine Einheit und alles ist mit allem verbunden. Als Außenstehende können wir nicht einen Aspekt des Ganzen isolieren, seine Fehler diagnostizieren und dann eine Veränderung bewirken, die im Ganzen sinnvoll wäre. Wir Hakomi-Therapeuten glauben, daß alles, was wir in einer Person beobachten und untersuchen, in diesem Individuum seit langem in sinnvoller Weise mit allem anderen verknüpft ist. Vielleicht können wir diese Verbindung nicht verstehen, aber wir sind sicher, daß sie existiert. Wir glauben, daß es sinnvoll ist, die Integration zu verbessern, aber wir versuchen nicht, uns in die spezifische und einzigartige Struktur einzumischen, die sich selbst organisiert. Ein Körperblock zum Beispiel dient einer Funktion, die wir noch nicht richtig verstehen. Würden wir ihn bekämpfen, handelten wir blindlings.

Der zweite Punkt ist der: Angenommen, es gelänge uns, ein ausgezeichnetes Modell zu konstruieren, das in jedem Detail das

Wachstum und die physischen Eigenschaften beispielsweise eines Radieschens vorhersagen könnte. Wenn wir dann das Radieschen neben das Modell legten, stellte sich heraus, daß das Modell und das Radieschen nicht gleich sind. Das Radieschen hat mehr: seine eigene innere Stärke und Präsenz, sich selbst zu schaffen, zu wachsen, zu leben und zu sterben. Es besitzt Selbstregulation, ein eingeborenes Geschenk der Natur, das es nicht weggeben oder das ihm nicht genommen werden kann. Diese Tatsache gilt auch für den Menschen. Auch wir besitzen die Fähigkeit, unser Leben auf einer Ebene zu schaffen und zu bestimmen, wo nichts und niemand uns beeinflussen kann.

Um zusammenzufassen: Niemand kann uns vollständig verstehen, und niemand kann uns unsere Fähigkeit zur Selbstorganisation wegnehmen. Als Therapeuten sollten wir das nie vergessen.

Übung 12: Den Atem lenken

Partnerübung

1. Macht aus, wer Erfahrender (E) und wer Begleiter/Helfer (B) ist. E legt sich hin und nimmt sich etwa 1 Minute Zeit, innerlich achtsam zu werden.
2. B berührt E irgendwo im Brust/Bauchbereich mit den Fingerspitzen und bittet E auszuprobieren, wie es ist, dorthin zu atmen. Er atmet 1 bis 2 Minuten dorthin.
3. Das wiederholt ihr mit verschiedenen Stellen 8 bis 10 Mal.
4. E schildert in innerer Achtsamkeit, was für Veränderungen er in sich wahrnimmt, und wie sich sein Bewußtsein verändert hat. Wie hängen alle Stellen miteinander zusammen?

Dieses Gespräch kann dann außerhalb der inneren Achtsamkeit fortgesetzt werden.

Menschen sind freie, biologische Systeme

Es ist der Menschheit erst vor kurzem gelungen, eine Sprache zu entwickeln, die diese komplexen Ganzheiten mit ihren Teilen und ihren Interaktionen strukturiert beschreiben kann. Es ist die Sprache der Systemtheorie und der Kybernetik. Diese Sprache erlaubt uns eine neue Weltsicht – von der Ökologie, über Kindererziehung bis zur Gehirnforschung. Mit der Schaffung dieser Sprache lernten wir, wie richtig es ist, die Welt als weitaus komplizierter zu betrachten als wir es in der Vergangenheit gewohnt waren. Wenn ein Bauer vor einigen Jahren seine Ernteerträge steigern wollte, schien es logisch, einfach mehr Dünger oder Schädlingsbekämpfungsmittel einzusetzen. Inzwischen ist es klar geworden, daß dieses Vorgehen eine Reihe von Konsequenzen hat, die wiederum miteinander interagieren und Veränderungen in Bereichen des Bodenchemismus und des Kleintierlebens bewirken. Wir haben eingesehen, daß viele lebende Systeme, z. B. Korallenriffe, so komplex sind, daß die Wissenschaftler es nicht mehr wagen, irgendwelche Maßnahmen zu ergreifen, weil die Konsequenzen nicht mehr vorhersagbar sind. Als Therapeuten glauben wir, die Menschen auch so betrachten zu müssen.
Systemtheoretisch gesprochen ist der Mensch ein großes und offenes Informationsverarbeitungssystem. Was »Größe« heißt, haben wir oben besprochen. Wir wollen jetzt erläutern, was unter »offen« gemeint ist. Es bedeutet, daß wir immer offen dafür sind, mit der Außenwelt zu interagieren und die Information, die aus diesem Austausch entsteht, zu verarbeiten. Menschen von diesem Standpunkt aus zu betrachten, hat weitreichende Konsequenzen. Wir beginnen, die fundamental genialen und originellen strukturellen Eigenschaften menschlicher Wesen zu begreifen. Diese Strukturen sind äußerst sinnvoll und tragen in ihrer Interaktion zum Überleben des Individuums bei. Darüber hinaus lernen wir, die Lebensenergie im anderen zu respektieren, die sich selbst steuert, reguliert, korrigiert und motiviert. Unter diesem Blickwinkel wird jeder von uns zu einem Kunstwerk,

eine Gesamtheit, die sich erfolgreich aufrechterhält und in der Welt funktioniert und überlebt. Wir haben weder die Macht noch die Geisteskraft oder das Potential, einen anderen Menschen zu regulieren, zu korrigieren oder zu steuern. Jede Illusion, die wir noch darüber hegen, in das Leben anderer Menschen eingreifen zu können, stammt aus der kulturgebundenen Vorstellung, die Natur dominieren zu wollen. Wir sind wie der Zauberlehrling, der die Tricks gelernt hat, aber die Konsequenzen nicht überschaut. Die Natur behält die eigentliche Macht, auch wenn wir uns dem narzißtischen Traum hingeben, daß wir lernen könnten, alles zu tun. Je besser wir die Menschen und die Natur verstehen, desto deutlicher wird, daß wir mehr in sie vertrauen müssen. Vielleicht ist dies einer der faszinierendsten Aspekte des Krebses und anderer Krankheiten. Vieles von dem, auf das wir uns verlassen haben, nämlich unsere natürliche, organische Selbstorganisation, funktioniert plötzlich nicht mehr. Das kann uns darauf stoßen, daß wir schon immer der Natur vertrauen mußten und es nicht in unserer Macht steht, einzugreifen. Nicht der Arzt heilt, sondern die Natur. Schon Hippokrates soll gesagt haben: »Heilen heißt, der Natur ihren Lauf zu lassen.«

Leider arbeiten Systeme nicht immer so, wie wir das wollen. Sie sind so zerbrechlich wie die Menschen. Wir werden krank, und es gibt Menschen, die das Erwachsenwerden nicht überleben. Also müssen wir nach Wegen suchen, wie wir lebende Systeme bei der Selbstorganisation unterstützen können.

Selbstheilungskräfte unterstützen

> Ich tue nichts; ich kann gar nichts tun, als mit einem gewissen Gottvertrauen abwarten, bis aus einem mit Geduld und Tapferkeit ertragenen Konflikt sich diejenige von mir nicht vorauszusehende Lösung ergibt, welche diesem Menschen beschieden ist.
>
> *(C. G. Jung, 1985, 85)*

Wenn das Ganze nicht mehr richtig funktioniert, deutet das auf ein Kommunikationsproblem der Teile. Für uns als Therapeuten besteht das Ziel darin, die ganze Person des Klienten in Kontakt mit seinen wesentlichen Anteilen kommen zu lassen und sie in bedeutungsvoller Weise zu erleben. Therapeuten können, wie bereits erwähnt, einen Menschen sowieso nicht ändern, also bleibt uns nur, die richtigen Bedingungen für die Veränderungen herzustellen. Das bedeutet, ein Klima zu schaffen, in dem der Klient sich nicht bedrängt oder bedroht fühlt, sondern weiß, daß er sich die Zeit nehmen kann, seine Optionen zu erkennen, sie zu erkunden und den Wandel geschehen zu lassen.

Viele therapeutische Schulen haben unterstrichen, daß Veränderung spontan und von selbst eintritt. Wir teilen diese Meinung, und wirken auf den Klienten prinzipiell auf zwei Weisen ein: Erstens sorgen wir dafür, daß die therapeutische Situation angenehm, entspannt und akzeptierend wirkt für alle Aspekte des Klienten, die auftauchen könnten. Zweitens schaffen wir eine fundierte Kommunikation, die es ermöglicht, die Verarbeitung von Informationen, das »wie« der inneren Kommunikation des anderen, zu beeinflussen. Praktisch gesprochen heißt das, daß der Klient sich bei uns wohlfühlen soll und daß wir viel miteinander reden, auch wenn wir am Körper arbeiten.

In unserer Arbeit vermeiden wir einige Dinge ganz bewußt. Wir diagnostizieren keine beschädigten Teile, und wir versuchen auch nicht, sie zu korrigieren. Wir geben weder kluge Ratschläge noch drängen wir den Klienten in eine bestimmte Richtung. Es gibt nichts, dem man sich entgegenstellen oder das man verändern müßte. Wir schauen und erleben. Auf diese Weise fehlt das ganze »medizinische« Denken, die »bring-das-in-Ordnung«-Einstellung in unserer Therapeutenrolle. Die Botschaft lautet: »Du brauchst dich nicht zu ändern, es sei denn, du willst. Du brauchst dich auch nicht zu schnell oder zu plötzlich zu ändern, bis du dazu bereit bist.« Der Wert einer solchen maßvollen und angemessenen Veränderung wird vom Unbewußten erkannt und gehört sicherlich seit Urzeiten zur Weisheit unseres Körpers. Nur unser kämpferischer Denkapparat kann das gewöhnlich nicht ganz akzeptieren.

Als Therapeuten brauchen wir in diesem Konflikt keine Stellung zu beziehen. Daher wird die Rolle des aktiven Helfers fallen gelassen. Stattdessen erzeugen wir eine entspannte Umgebung und beobachten, was geschehen kann, wenn wir die Bedingungen für Wachstum optimal halten. Unserer Erfahrung nach kann dann der Informationsaustausch zwischen den Teilen und dem Ganzen eine Vertiefung des Erlebens und selbst das Auftauchen lange vergessener signifikanter Ereignisse bewirken. In einer solchen Situation können sich Veränderungen spontan einstellen und wir können sie unterstützen. Wie wir das im einzelnen tun, werden wir als nächstes beschreiben; der wichtigste Punkt allerdings ist, daß wir niemals irgendeinen Druck oder Gewalt in diesen Situationen ausüben.

Sich mit der Abwehr anfreunden

Die Abwehr ist ein Teil von uns, der uns schützen möchte. Wir wehren uns gegen Erfahrungen, mit denen wir nicht zurechtkommen und die wir ignorieren, um den Anforderungen der Welt, so wie wir sie sehen, gerecht zu werden. Dieser ignorierte Bereich kann ein Bedürfnis nach Fürsorge und Untersützung sein, wie es das Beispiel einer Klientin zeigt, die auf einem Workshop in einen tiefen Prozeß eintrat. Sie lag mit geschlossenen Augen auf dem Boden und weinte. Sie fühlte sich offensichtlich wie ein

Baby und erlebte eine Zeit, als sie in Windeln lag, umgeben von den weißen Stäben des Gitterbettchens. Es war dunkel im Zimmer, und es war niemand da.

Therapeut: Ist irgendjemand in der Nähe?
Klientin: . . . die Tür . . .
T.: Was für eine Tür?
K.: . . . die Tür . . . vielleicht zur Küche . . . da ist Licht . . . (unter heftigem Weinen) . . . aber keiner kommt . . .

Diese Episode zeigt, wie ein kleines Mädchen die Welt erlebt, in der für ihre biologischen Bedürfnisse nicht gesorgt wird – das Bedürfnis nach anderen Menschen, die nahe sind und sich um sie kümmern. Sie kennt dieses Gefühl, das in der therapeutischen Situation lebendig wurde, untergründig aus ihrem täglichen Leben. Jetzt durchlebt sie den intensiven Schmerz und den existentiellen Mangel. Als kleines Kind hat sie wahrscheinlich die Welt oft so erlebt. In diesem Alter zog sie den Schluß, daß die Welt sich so verhält, daß es nicht genug Nähe und Fürsorge für sie gibt. Sie baute eine Barriere gegen den Schmerz und die Verzweiflung auf, so daß sie ein Leben ohne diese hartnäckige und nagende Gewißheit führen konnte. Statt sich dauernd ihrem hoffnungslosen Schmerz hinzugeben, war sie gezwungen, den nächsten Schritt zum Erwachsenwerden zu tun.
Eine solche Abwehr gegen Schmerz und Verzweiflung wird aufgebaut, um die Person vor der Wirkung des ursprünglichen Erlebnisses zu schützen. Dieser Block schützte das kleine Mädchen und später auch die erwachsene Frau vor der überwältigenden Erfahrung eines hoffnungslosen Schmerzes. Es wäre ein schwerer therapeutischer Fehler, gegen diesen Schutz zu kämpfen. Das kleine Mädchen wäre in einem Zustand dauernder Abwehr, weil die Fundamente ihres Lebens auf einer sehr tiefen und der Vernunft nicht zugänglichen Ebene angegriffen werden. In der Hakomi-Therapie betrachten wir die Abwehr als einen Freund und behandeln sie auch so.

> Sanfte Interventionen können rigide Abwehrhaltungen überwinden, wenn sie klar genug sind. Wenn Sanftheit nicht weiterbringt, versuche nachzugeben oder ganz zurückzutreten. Wenn der Leiter nachgibt, entspannt sich die Abwehr. . ., aber wenige Leiter wissen, wie viel sie mit wie wenig Anstrengung erreichen können.
> *(Heider, 1985)*

Man kämpft nicht gegen seine Freunde, man unterstützt sie. Aus dieser Einstellung heraus hat Ron Kurtz in den letzten Jahren verschiedene Techniken des »Abnehmens« entwickelt. Diese Techniken lassen sich besonders gut im Bereich der körperorientierten Psychotherapien einsetzen. Wir betrachten diese einfach anzuwendenden Techniken als wesentlichen Beitrag zur modernen Psychotherapie. Ron Kurtz selbst hat oft beschrieben, wie er diese Technik erfand. Als er mit einer Frau arbeitete, äußerte sich ihr Widerstand gegen ihre Gefühle in einer rigiden »Brücke«. Sie war in ihrem Erleben, und während ihres inneren Kampfes zog sie auf dem Boden liegend ihre Rückenmuskulatur derart zusammen, daß schließlich nur noch ihr Hinterkopf und ihre Fersen den Boden berührten. Die herkömmliche Technik hätte an dieser Stelle darin bestanden, mit der Abwehr zu kämpfen und sie auf irgendeine Weise zu erschöpfen, indem man zum Beispiel ihren Körper niedergedrückt hätte. Diese Intervention hätte auf jeden Fall zu einem dramatischen Kampf und zum Zusammenbrechen der Brücke geführt. Der Klient erlebt einen derartigen Zusammenbruch oft mit schmerzhaften und überwältigenden Gefühlen von Minderwertigkeit und Verwirrung. Ron, der diese Art von Abwehr aus seinem eigenen Prozeß kannte, beschloß, etwas Ungewöhnliches zu tun und unterstützte die Brücke mit seiner Hand, ohne recht zu wissen, was er zu erwarten hatte. Überraschenderweise konnte er einen langen Kampf vermeiden, und die junge Frau entspannte sich nach einigen Sekunden. Sie gab die Brücke sozusagen freiwillig auf und kam sofort in Kontakt mit dem dahinterstehenden Schmerz, den sie mit ihrer Spannung beschützt hatte.

Widerstand und Abnehmen

Abwehr – oder in der Beziehung zum Therapeuten Widerstand – ist die entscheidende Blockade auf dem Weg zur Veränderung und zur psychologischen Transformation. Gäbe es keinen Widerstand, bräuchten wir uns keine Gedanken darüber zu machen, ob wir in der Lage sind, die Erfahrungen zu durchleben, die wir machen müssen, um erwachsen zu werden. Widerstand bremst und bindet diesen Wachstumsprozeß, und deshalb ist der Widerstand zum erklärten Feind aller Psychotherapeuten geworden.
Im Umgang mit dieser Schwierigkeit bedienen wir uns automatisch unseres kulturellen Erbes, was in einem Fall auf ein klein wenig Druck, in einem anderen auf ein raffiniertes Manöver des Therapeuten oder gar eine massive Gegenoffensive hinausläuft. Wenn der Therapeut so handelt, tut er in den meisten Fällen wahrscheinlich nichts anderes, als es der Klient selbst hunderte von Malen getan hat. Viele Therapeuten sind sich der Frustration und Aussichtslosigkeit dieses Kampfes bewußt, kennen aber keinen Weg, ohne ihn auszukommen. Das Abnehmen ist ein solcher Weg. Es wendet den Klienten nach innen und unterstützt, und mit seiner Hilfe kann man diesen unerbittlichen Grabenkrieg vermeiden. Beim Abnehmen sind beide auf derselben Seite: auf der Seite des Klienten. Daher fühlt sich der Klient eher unterstützt als im Kampf mit dem Therapeuten. Abnehmen erkennt offen die Integrität und Selbstverantwortung des Klienten an und unterstützt sie, und das Unbewußte, das weder vom Therapeuten noch vom Klienten zu etwas gezwungen werden kann, fühlt sich sicher und gibt Informationen.

Übung 13: Die Schultern abnehmen
Partnerübung
1. Stellt euch miteinander hin. Macht aus, wer der Erfahrende (E) und wer der Begleiter/Helfer (B) ist.

2. E nimmt sich eine Minute Zeit, innerlich achtsam zu werden.
3. B schaut die Schultern von E an und untersucht, in welcher Richtung sie von einer idealen, ökonomischen Haltung abweichen (z. B. nach vorn gerundet, nach hinten gezogen, eine höher als die andere, beide hochgezogen, usw.). Besprecht, was B sieht.
4. Nun übernimmt B die besondere Anstrengung, die diese Schultern *bereits zu leisten scheinen*. Es geht um die Anstrengung, die über das einfache ökonomische Aufrechthalten hinausgeht. B hebt oder drückt die Schultern von E so, wie E es von innen tut. Dies muß *sehr ruhig und sehr langsam* geschehen.
5. B läßt sich von E aus der inneren Achtsamkeit berichten, was genau innen geschieht, wenn die Schultern »abgenommen« werden. Schaut einfach zusammen (unter Führung von E), was für eine Art Erleben ausgelöst wird und was das mit E zu tun hat.
6. Das kann mit verschiedenen Haltungen der Schultern wiederholt werden. Laßt euch jeweils mindestens 5 Minuten Zeit.

Die unheimlichen Gefahren des helfenden Gebens

Die Überschrift ist natürlich ironisch gemeint, aber als Therapeuten erinnern wir uns an die Zeit, als wir stets davor zurückscheuten, unseren Klienten etwas zu geben. Das lag an der in der Psychotherapie weithin akzeptierten Theorie, daß Unterstützung Abhängigkeit schafft. Dieses Konzept trifft sicherlich für bestimmte Formen des Gebens und Nehmens von Unterstützung zu. Es ist in der Tat gefährlich, Unterstützung anzubieten, ohne sie genau zu erforschen und präzise auszuführen. Diese Art von Unterstützung befriedigt nicht und führt zu nichts. Die daraufhin entstehende Abhängigkeit fesselt Klienten und Therapeuten aneinander. Es kann auch der Kampf einer Person entstehen, ein Abhängigkeitsverhältnis zu schaffen und dauernd etwas zu verlangen, ohne es je zu bekommen, während die andere sich immer wehrt. Wenn der Therapeut klar und scharfsinnig genug ist, gibt es die Alternative herauszufinden, was der Klient genau braucht und die Situation so präzise zu arrangieren, daß der Klient annehmen kann, was ihm angeboten wird. In der Hakomi-Therapie arbeiten wir fast in jeder Sitzung auf diese Weise. Wir glauben, daß z. B. das Kind im Erwachsenen, mit dem wir durch den Zustand der Achtsamkeit in Kontakt kommen, immer noch etwas braucht und daß es hervorkommt, um sich zu beklagen und seinen Mangel deutlich zu machen. Das wichtigste, was wir ihm geben, sind Informationen: Daß die Welt (und der Therapeut als Repräsentant dieser Welt) z. B. auch liebevoll, unterstützend und sicher sein kann. Wenn uns das Kind glaubt, kann eine fundamentale Wandlung eintreten. Das Kind wird keiner Theorie glauben, und deshalb muß es *fühlen,* daß wir die Wahrheit sagen, besonders in diesem Moment. Deshalb bieten wir Liebe, Unterstützung und Sicherheit direkt und real in dem Moment an, wenn das Kind genau weiß, was es will.

Folgen und Führen

Es gibt in der psychotherapeutischen Beziehung immer eine offene oder unausgesprochene Übereinkunft dahingehend, daß der Therapeut etwas weiß oder etwas tun kann, was der Klient nicht weiß oder nicht tun kann. Der Psychotherapeut hat eine besondere Kompetenz, die der Klient für sich nutzen will. Wenn die Beziehung fruchtbar ist, wird der Therapeut in jedem Fall auf subtile und machtvolle Weise den therapeutischen Prozeß beeinflussen und oft auch führen. In der Hakomi-Therapie beziehen sich diese Führungsqualitäten darauf, *wie* der Klient mit sich selbst umgeht. Spezifisch bieten wir der Person eine Möglichkeit an, zu erleben, wie die Organisation seiner inneren Erfahrung aussieht. Wir wissen präzise, wie diese Erfahrung hervorgerufen und aufrechterhalten werden kann. Was wir vor dem Ende dieser Untersuchung nicht wissen, ist, was dabei herauskommen wird. Wir hegen auch keine Präferenzen hinsichtlich bestimmter Ergebnisse, und wir versuchen nicht, den Prozeß in einer bestimmten Richtung zu beeinflussen. Das klingt so, als ob es keinerlei Führung gäbe. Tatsächlich ist es für uns wichtiger, dem Individuum folgen zu können als es zu leiten. Erst wenn der Therapeut dem Klienten wirklich folgen kann, kann er es sich leisten, auch zu führen. Wirklich folgen zu können ist für ein Mitglied unserer Kultur eine der schwierigsten Aufgaben überhaupt; denn wir sind normalerweise immer darauf aus, etwas aktiv zu tun, etwas zu leisten, uns anzustrengen und die Dinge in der Hand zu haben.

Wir lassen uns in der Hakomi-Therapie von der Einstellung leiten: »Die Antwort ist innen.« Wir vertrauen der Tatsache, daß ein Organismus seinen eigenen inneren Richtungssinn hat und einen seiner komplizierten Struktur angemessenen Weg findet. Irgendwie weiß oder fühlt er, was als nächstes geschehen muß, wenn die Anstöße aus dem Alltagsbewußtsein (Denken, Problemlösen, Analysieren usw.) fehlen.

Das wichtigste therapeutische Hilfsmittel ist die Beobachtung. Der Klient lernt, seine interne Organisation zu beobachten, und der Therapeut lernt wahrzunehmen, was der Klient tut und erlebt. Wir nennen dieses Beobachten seitens des Therapeuten »Spurenlesen«. Der Therapeut muß nicht wissen, sondern er muß beobachten. Spurenlesen bedeutet, der Erfahrung des Klienten exakt zu folgen, und es läßt uns überall hingehen, wo der Klient sich gerade befindet. Wir schauen, hören und fühlen auf eine besondere Art, mit deren Hilfe wir uns so an die Person des Klienten ankoppeln, daß wir ihm nicht nur sehr nah sind, sondern daß wir manchmal auch wissen, wohin die nächste Bewegung führen wird.

Wenn der Klient auf seinem Weg zur inneren Antwort auf Hindernisse und Blockaden stößt, helfen wir, diese zu beseitigen, ohne genau zu wissen, wohin der nächste Schritt führt, geschweige, wohin er bezüglich des Gesamtprozesses führen wird. Wenn etwas geschehen will, lassen wir es geschehen. Wenn ein Therapeut die Spuren gut liest, scheint er manchmal seinem Klienten voraus zu sein. In so einem Fall hat er wahrscheinlich Geschehnisse und Bewegungen am Rande der Wahrnehmung des Klienten beobachtet.

In bestimmten Prozessen kann eine Person beispielsweise unter dem Einfluß starker Emotionen mit einer Kontraktion des Körpers reagieren. Gewöhnlich ist die gesamte Bauchmuskulatur an dieser Kontraktion beteiligt und der Klient kippt manchmal gleichzeitig ein wenig zur Seite. Der Therapeut kann diesen Impuls als Beginn einer unterbrochenen auf den ganzen Körper bezogenen Bewegung betrachten. Ein Hakomi-Therapeut unterstützt möglicherweise diese beginnende Bewegung und hilft dem Klienten, sie zu Ende zu bringen. Wenn dies so geschmeidig und ohne Anstrengung wie bei einem Tanz geschieht, dann würde man das als eine erfolgreiche Intervention betrachten, die dem spontanen Ausdruck des Klienten (man kann sagen »führend«) folgte.

Unsere Vorstellung ist, daß etwas im Klienten sich zur Seite legen, zusammenrollen und verschließen wollte, daß aber dieser innere Impuls unterbrochen wurde. Es ist unerheblich, ob der Therapeut dachte, dieser Klient solle sich öffnen oder schließen. Der Therapeut erkennt nur die beginnende Bewegung. Er beobachtet, folgt und führt – und hilft auf diese Weise die selbstinitiierte Handlung des Klienten zu Ende zu bringen.

Wir können den therapeutischen Prozeß mit einer Geburt vergleichen, bei der der Therapeut als Hebamme fungiert, die einem spontanen, selbstgenerierenden Entfaltungsprozeß assistiert. Mit dieser Einstellung gibt der Therapeut dem Klienten die mit der Therapeutenrolle angenommene vorgebliche Macht zurück, die gewöhnlich von seinem Ego und den Erwartungen des Klienten gespeist wird. Und so liegt die Kontrolle über den Prozeß wieder genau da, wo sie hingehört, nämlich in der organischen Einheit der betreffenden Person. Diese Botschaft wird immer verstanden.

Tao – die Macht des Nicht-Tuns

In den letzten Jahren sind wir mit östlichen Vorstellungen über die »rechte Einstellung« in Berührung gekommen. Das Stichwort: »Mit dem Fluß gehen!« beschreibt z. B. die Einstellung eines Therapeuten, der folgt anstatt sich gegen das Geschehen zu wenden. Walt Anderson schreibt:

> Das *Vajrayana* lehrt uns, die Dinge sein zu lassen, wie sie sind – sei für das Leben und für alles in dir offen, hebe die Blockaden auf und lasse die Wirklichkeit leicht durch dein bewußtes Gewahrsein fließen . . . Wir haben es mit unserer menschlichen Natur zu tun, und wir können sie nicht einfach wie ein Boxer k. o. schlagen. Wir müssen lernen, mit unseren Energien zu fließen, wie ein Meister der ostasiatischen Kampfkünste. (Anderson, 1981, 84)

Die asiatischen Kampfkünste sind ein Symbol für diese Einstellung. Manchmal nennen wir unseren Ansatz »Psycho-Aikido«. Das Leitbild dieser Einstellung ist, daß wir nicht mit dem Individuum kämpfen, indem wir unsere eigene Kraft dagegen setzen. Stattdessen begegnen wir der Kraft der Person ohne Widerstand zu geben, führen und stärken sie, damit sie positiven Lösungen zugeführt werden kann. Der berühmte Hypnotherapeut Milton Erickson war darin ein Meister. Man erzählt von ihm folgende Geschichte:

> Eines Tages besuchte er einen Verwandten auf dem Lande und traf ihn dabei an, wie er verzweifelt versuchte, eine widerspenstige Kuh in den Stall zu bringen. Milton Erickson rief: »Laß mich das mal machen!« und ging hinter die Kuh, zog sie leicht am Schwanz, und sofort ging sie freiwillig in den Stall.

Wir können davon lernen, daß man, wenn man eine gegengerichtete Kraft trifft, sie nicht noch mehr wecken soll, sondern sie für eine positive Lösung verwenden kann.

Der Aikidokämpfer gibt seinem Gegner die Waffe zurück, nachdem er ihn besiegt hat. Ihn interessiert nicht der Sieg, sondern er will vorhandene Energien ausnutzen. Das heißt, mit dem Wind zu segeln, wie Alan Watts in seinem Buch »Der Lauf des Wassers« vorschlägt:

> Die Lebenskunst läßt sich mehr mit der Kunst der Schiffahrt als mit der Kriegsführung vergleichen, denn wichtig ist, die Winde, die Gezeiten, die Strömungen, die Jahreszeiten und das Prinzip des Werdens und Vergehens zu begreifen, sodaß man sie handelnd nützen kann und nicht dagegen ankämpft. (Watts, 1983, 45)

Eines der Warnsignale, daß der Therapeut Gewalt anwendet, ist Anstrengung bei der Arbeit. Plötzlich fällt dir auf, daß du etwas willst und viel Mühe darauf verwendest und dich vielleicht anstrengst. Plötzlich entwickelt sich ein stiller Kampf zwischen dir und deinem Klienten, den du möglicherweise nur am Rande deines Bewußtseins wahrnimmst. Wenn du genau darauf achtest, was in diesem Moment passiert, kannst du merken, wie du gegen den Strom schwimmst. Du willst das nicht, was gerade passiert. Vielleicht möchtest du, daß der Klient achtsam sein soll, wenn er dazu nicht in der Lage ist. Oder du möchtest, daß er Gefühle wahrnimmt, die er blockiert hat. Du willst etwas erzwingen, obwohl der Klient das offensichtlich vermeidet. Du folgst deiner eigenen Präferenz, ohne zu berücksichtigen, wohin der Klient gehen will. Wenn du aber keine Präferenz hast, dann kannst du dem Klienten tatsächlich helfen, in die Richtung zu gehen, in die er will. Hilf ihm, Gefühle zu vermeiden, oder stelle sicher, daß in dieser Sitzung nichts passiert, oder unterstütze ihn dabei, nicht achtsam zu sein. Auf diese Weise kann der Klient erleben, was er mit sich macht.

Im Taoismus wird dieses Verhalten »Nicht-Tun« genannt. Nicht-Tun ist ein anderer Aspekt des mit dem Fluß Gehens. Wenn du nichts zufügst, den Dingen ihren Lauf läßt, gibt es keine Gewalt. Solange du fühlst, daß du etwas erreichen mußt, ist Nicht-Tun schwierig. Ein typischer innerer Therapeutenmonolog könnte sein: »Er hat mir so viel Geld bezahlt, jetzt muß ich auch etwas tun.«

Aber sobald du einmal drin bist, ist Nicht-Tun leicht. Dann fließt die Therapie wie ein Tanz, leicht, anmutig und ohne Mühe. Eine gute Therapiesitzung läuft von selbst. Ein Ereignis löst das nächste aus, und der Therapeut erleichtert nur den Fluß.

Wir beobachteten eine unserer Assistentinnen bei einem Hakomi-Workshop, als sie mit einem Teilnehmer arbeitete. Am Ende der Sitzung bedankte sich der Klient sehr bewegt für das, was sie für ihn getan hatte. Auch andere Teilnehmer bemerkten, wie gut sie gearbeitet hätte. Unsere Assistentin war offensichtlich beschämt und meinte: »Wieso, ich habe doch gar nichts gemacht!« Sie stand wirklich unter dem Eindruck, daß sie nicht viel zu der Therapiesitzung beigetragen hatte, sondern daß alles, was sie tat, sich aus dem Prozeß selbst ergeben hätte und daß jeder andere Therapeut natürlich dasselbe gemacht hätte. Wenn ein Therapeut seine Arbeit so erlebt, dann glauben wir, daß er es richtig gemacht hat. Sie brauchte nicht zu kämpfen, nicht zu glänzen, große Dinge zu erreichen oder Lösungen zu produzieren. Wenn andere Zuschauer glaubten, dies sei trotzdem der Fall gewesen, dann haben sie nicht genau genug beobachtet, was von selbst passieren wollte.

Es dauert eine Weile, bis sich die Einstellung des Nicht-Tuns entwickeln kann, und man braucht bei diesem Prozeß die Hilfe anderer. Sobald sie gefunden ist, wird die Therapie leicht und du kannst von innen heraus lernen, was Fließen in der Therapie heißt. Von einem solchen Ort aus ist es leicht, Gewalt zu bemerken, wenn sie aufsteigen will, nämlich genau in dem Moment, in dem der Prozeß seine Leichtigkeit verliert und mühevoll wird.

Ein weiterer Leitgedanke des Taoismus ist an dieser Stelle von besonderer Bedeutung – das Gesetz des »wechselseitigen Erschaffens«. Alle Dinge treten in Paaren auf. Licht ist ohne Dunkelheit nicht vorstellbar, Haß nicht ohne Liebe, Sein nicht ohne Nicht-Sein. Jedes Ding schafft sein Gegenteil. Auch alles, was wir zu schaffen versuchen, schafft dessen Gegenspieler. Je dringender wir etwas zu erreichen suchen, desto stärker wird das Gegenteil eintreten. Je mehr Druck wir in der Therapie ausüben, desto mächtiger wird die entgegengesetzte Kraft im anderen. Dieser Teufelskreis macht aus Psychotherapie eine unnötig schwere Arbeit. Anstrengung ist ein Zeichen dafür, daß du nicht *mit* dem Klienten arbeitest, sondern gegen etwas in ihm. Dieser Gegner im Klienten wird dich als Feind ansehen, er fühlt sich bedroht und wird natürlich alle deine wohlgemeinten Bemühungen zunichte machen. Besser ist es, das Gesetz des wechselseitigen Erschaffens bewußt zu leben und Nicht-Tun zu praktizieren. Dann können Therapeut und Klient im Fluß der Ereignisse miteinander gleiten und lernen, wie in diesem Fluß zu navigieren ist. Es entsteht ein Zustand von Zusammensein und Ruhe, in dem Sanftheit und Präzision die bestimmenden Kräfte sind. Alan Watts schreibt:

Die Sinne, Gefühle und Gedanken müssen sich spontan äußern dürfen im Vertrauen darauf, daß sie sich dann harmonisch ordnen werden. Der Versuch, das Gemüt mit Gewalt zu kontrollieren, ist so, als wolle man Wellen mit einem Brett glätten, und kann nur noch mehr Aufruhr zur Folge haben. (Watts, 1983, 171)

4. Kapitel

Der Weg des Therapeuten

Unbeschwert ist richtig
Beginne richtig
und du bist unbeschwert
mache unbeschwert weiter
und du verhältst dich richtig

Chuang Tse
(nach Ron Kurtz, 1985, 41)

In diesem letzten Kapitel werden wir die praktische Anwendung der Hakomi-Methode beschreiben. Wir werden darlegen, wie die Therapie vom Therapeuten durchgeführt wird und einige ausgewählte Techniken beschreiben. Um den Eindruck von einer Hakomi-Sitzung zu vermitteln, bringen wir auch Ausschnitte aus verschiedenen Therapieprozessen.

Die Phasen des therapeutischen Prozesses

Ron Kurtz entdeckte bei seiner wegweisenden Arbeit mit der Hakomi-Methode, daß der therapeutische Prozeß beim Klienten spontan und natürlich eindeutig unterscheidbare Phasen durchläuft. Diese Phasen sind relativ voraussagbar und können klar beschrieben werden, um so dem therapeutischen Prozeß größere Präzision zu geben. Sie helfen uns bei der Entscheidung, wann eine bestimmte Intervention richtig ist und wie die Bewußtseinszustände des Klienten zu beobachten sind. Dennoch benutzen wir diese Richtlinien mit großer Flexibilität, auch wenn wir dieses Wissen bei unserer Arbeit im Hinterkopf haben. Wir

lassen immer die spontan entstehenden Bedingungen unsere Arbeit leiten; denn Erfahrung ist weitaus weniger vorhersagbar als die Theorie glauben lassen möchte.
Beim Tanzen lernst du als erstes ganz mechanisch die einzelnen Schritte. Den einen Fuß dahin, den anderen dorthin, ganz unbeholfen und unelegant. Aber sobald die Schritte automatisch geworden sind und du dich ohne nachzudenken und Takte zu zählen bewegst, kannst du kreativ werden. Du vergißt die Schritte und tanzt einfach.
Alle guten Therapeuten sind wie erfahrene Tänzer. Die einzelnen Schritte des Prozesses wurden gelernt und sind zur Gewohnheit geworden. Wenn du diese Phasen genau genug kennst, brauchst du nicht mehr an sie zu denken. Du kannst dann improvisieren und weißt immer noch, was du tust. Hier ist ein Überblick über diese Schritte in der Therapie:

1. Du machst *Kontakt* mit dem Klienten, du leitest die Interaktion zwischen Therapeut und Klient ein.
2. Du hilfst dem Klienten, *Zugang zur inneren Achtsamkeit* zu finden.
3. Du *arbeitest* das auftauchende Material *durch*.
4. Du unterstützt den *Wechsel zu einer neuen Anschauung*, indem du neue Optionen für ein optimaleres Leben erforschst.
5. Du unterstützt die *Integration* der neuen Möglichkeiten in die allgemeine psychophysische Struktur des Klienten.

Eine bildliche Darstellung dieses Prozesses (vgl. S. 110) sieht aus wie ein offener Kreis, nach dem eine ideale Therapiesitzung mit dem Kontaktmachen beginnt und mit der Integrationsphase abgeschlossen wird.

Die ersten Schritte: Kontaktmachen

Kontakt ist die erste Phase jeder Begegnung. Indem du Kontakt machst, stellst du eine Verbindung her und suchst explizit größere Nähe. Mit dem Kontakt wird ein größeres System geschaffen. Aus zunächst zwei getrennten wird eine geteilte Welt zweier

Übersicht über den Prozeß

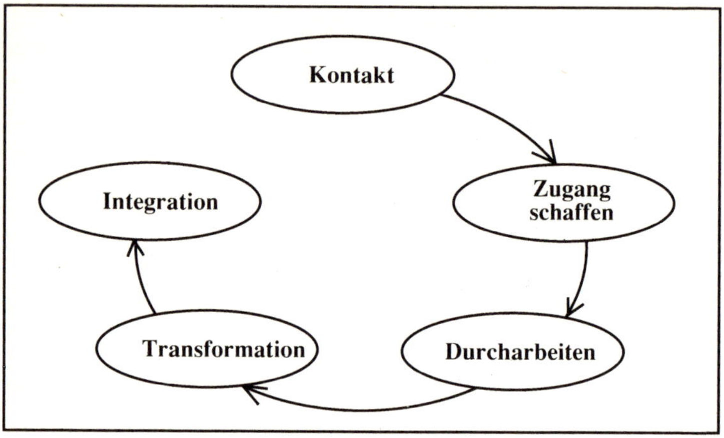

Menschen. Diesen interaktiven Prozeß zu begünstigen ist das erste Ziel der Hakomi-Therapie.

Um den Kontakt herzustellen muß der Therapeut Interesse, Verständnis und Empathie dem Klienten gegenüber zeigen. Das heißt, er muß aktiv zuhören können. Dabei demonstriert der Therapeut durch seine Reaktionen, daß er nicht nur dem Gesagten zuhört, sondern auch das gefühlte Erleben des Klienten wahrnimmt und versteht. Wenn jemand zum Beispiel mit feuchten Augen über den Tod seines geliebten Großvaters spricht, dann kann der Therapeut sein Verständnis mit der Bemerkung deutlich machen: »... es macht traurig, über ihn zu sprechen ...«. So eine schlichte Bemerkung zeigt, daß du nicht nur den Worten zuhörst, sondern auch den Gefühlen, die hinter den Worten stehen. Vielleicht kann der Klient jetzt richtig weinen und über diese schmerzhaften Gefühle sprechen. Dann hast du Kontakt geschaffen. Wenn du ihn aber aufforderst, etwas darüber zu erzählen, warum er sich seinem Großvater so verbunden fühlte, oder eine sonstige Frage dieser Art stellst, dann sucht er wahrscheinlich nach Erklärungen und Analysen, die von den Gefühlen ablenken und die Intimität und den bedeutungsvollen

Kontakt vermindern. Dann führt ihr sicherlich ein interessantes Gespräch, habt Informationen bekommen, usw. Aber du hast nicht die Art von Kontakt geschaffen, die den Klienten mit seinem gegenwärtigen Erleben in Verbindung bringt.
Wenn du die Bedingungen für guten Kontakt selbst herausfinden möchtest, probiere die folgende Übung aus, die unsere Hakomi-Trainerin Pat Ogden entwickelt hat:

Übung 14: Wie man Kontakt herstellt
Schließe deine Augen und nimm dir Zeit, achtsam zu werden . . . Stelle dir vor, daß du etwas sehr Persönliches, was dir sehr am Herzen liegt, mit jemandem teilen wirst . . .
. . . Nimm dir soviel Zeit, wie du brauchst, um dir diese Situation so deutlich wie möglich vorzustellen . . . Jetzt achte auf die gesamte Situation, in der dies geschieht . . . Was an der anderen Person und der Situation ermöglicht dir, dich zu öffnen? . . . Was ist deine innere Erfahrung in dieser Zeit . . . Mach langsam und beobachte alle Details sorgfältig und achtsam.
Du hast jetzt vielleicht einige der Bedingungen entdeckt, die für einen effektiven Kontakt notwendig sind.

Kontakt läßt sich auch durch Berührung herstellen, durch ein sanftes Anfassen oder eine ermutigende Berührung der Hand des Klienten. Diese Art des Kontakts ist sehr wirkungsvoll; denn sie schafft eine gegenwärtige und gefühlte Erfahrung. Eine zarte Berührung zur richtigen Zeit kann mehr Kontakt und Sicherheit schaffen als tausend Worte. Du kannst den Kontakt auch begünstigen, indem du »offen« dasitzt, Arme und Beine nicht übergeschlagen, oder indem du dein Interesse dadurch ausdrückst, daß du dich nach vorne lehnst.
Wenn wir unsere Kontaktaufnahme beginnen, befindet sich der Klient in seinem Alltagsbewußtsein. Er ist sozusagen gerade von der Straße gekommen und beschäftigt sich mit alltäglichen Sorgen. Also begegnen wir dem Klienten, wo er ist und machen auf derselben Ebene Kontakt.

Nach innen wenden: Zugang schaffen

Nachdem der Kontakt hergestellt ist, leitet der Therapeut über zur Achtsamkeit und verhilft dem Klienten zu präziserem Zugang zu inneren Informationen. Beim Zugangschaffen helfen wir dem Klienten, die Wahrnehmung auf die tieferen Ebenen der inneren Realität zu lenken, die oft von hektischer Aktivität und dem außengerichteten Fokus des täglichen Lebens überdeckt ist. Im allgemeinen sind die Menschen nicht achtsam, wenn sie über ihre Innenwelt sprechen, weil es unangemessen, unangenehm oder möglicherweise gefährlich erscheinen mag, sich mit privaten Gedanken oder intensiven Gefühlen zu beschäftigen. Die höchste Priorität liegt also darin, die Person sich *sicher fühlen* zu lassen, denn dann braucht sie sich nicht um die Außenwelt zu kümmern oder deren Erwartungen hinsichtlich bestimmter Verhaltensweisen zu erfüllen.
Ein weiterer Aspekt des Zugangschaffens besteht darin, den

Fokus auf der gegenwärtigen, fortlaufenden, konkreten Erfahrung zu halten. Das heißt, daß die Gefühle, Gedanken, Spannungen, Empfindungen und Bilder, die im Moment da sind, angesprochen werden. Selbst wenn wir uns lange zurückliegenden Erfahrungen zuwenden, wollen wir in erster Linie wissen, welche Emotionen und Reaktionen darauf *in der Gegenwart* erlebt werden; denn letztendlich ist Veränderung nur im gegenwärtig gefühlten Moment möglich.
Zwei weitere Leitmotive für das Zugangschaffen sind *langsames und sanftes Vorgehen*. Dadurch vermittelst du, daß kein Grund zur Eile vorliegt, irgendetwas Bestimmtes zu erreichen, daß du keine Forderungen oder Programme in der Hinterhand hast und daß du die Fähigkeit des anderen respektierst, seinen Prozeß selbst zu regulieren und sich allein zu entscheiden. Langsames Vorgehen läßt auch die Achtsamkeit tiefer werden und unbewußtes Material hochkommen.

Übung 15: Was mein Gesicht sagt
Partnerübung
1. Die Partner sitzen sich gegenüber. Macht aus, wer Erfahrender (E) und wer Begleiter/Helfer (B) ist.
2. E nimmt sich eine Minute Zeit, innerlich achtsam zu werden.
3. B schaut das Gesicht von E lange an und beobachtet, welcher Gesichtsaudruck, welche Anspannungen, Falten und Verspannungen oder welche Haltung der Gesichtsmuskulatur ihn/sie besonders interessiert.
4. B berührt sehr vorsichtig, behutsam und langsam das Gesicht von E und verstärkt, was er/sie beobachtet hat, um wenige Millimeter mit den Fingern.
5. Diese leichte Verzerrung des Gesichts hält E nun selber für etwa eine Minute aufrecht und berichtet in innerer Achtsamkeit, »was mein Gesicht zu sagen scheint«. B hört nur zu.
6. Anschließend könnt ihr zusammen (unter Führung von E) besprechen, was diese Erfahrung mit dem Lebensgefühl von E zu tun hat.

Um Zugang zu schaffen, fragen wir nach solchen Informationen, die nur durch eine Überprüfung der inneren Vorgänge gewonnen werden können. Wir könnten dich genau jetzt, während du dies liest, nach einer Körperempfindung fragen: »Welcher Teil deines Körper empfindet das meiste Gewicht oder den stärksten Druck beim Sitzen?«. Oder nach einer Emotion: »Bist du dir jetzt gerade eines Gefühls oder einer Stimmung gewahr?«. Oder nach einer mentalen Aktivität: »Welcher Gedanken bist du dir gewahr, wenn du für einen Moment aufhörst zu lesen?«. Um diese Fragen beantworten zu können, mußt du offen für dein gegenwärtiges Erleben sein.
Sandy hatte jahrelang medizinische Hilfe für ihre andauernden heftigen Menstruationsbeschwerden gesucht. Da keine Behandlung Erfolg hatte, wollte sie es schließlich mit Therapie probieren. Bei der Beschreibung ihrer körperlichen Beschwerden während der Menstruation erwähnte sie auch eine merkwürdige Einschnürungsempfindung der Bauchmuskulatur, die sich anfühlte wie ein Gürtel. Um Sandy achtsamer und sensitiver für Informationen über diesen Gürtel werden zu lassen, begann der Therapeut, den Zugang zu eröffnen, indem er nach Details fragte: »Wo genau in deinem Körper befindet sich dieser Gürtel? Wie breit ist er? Wie tief geht er? Sind irgendwelche Gefühle damit verbunden? Hat er Unterbrechungen? usw.« Natürlich ging das alles langsam und achtsam vor sich und wir näherten uns immer mehr der Durcharbeitungsphase.
An der folgenden Abbildung kannst du ablesen, daß das Zugangschaffen in dem Gebiet stattfindet, wo Alltagsbewußtsein und innere Achtsamkeit zusammenfließen. Das Zugangschaffen ist daraufhin angelegt, dem Klienten einen mühelosen Übergang in die Achtsamkeit zu erlauben.

Durcharbeiten

In der Durcharbeitungsphase erforschen wir fundamentale, alles durchdringende, organisierende Anschauungen. An dieser Stelle

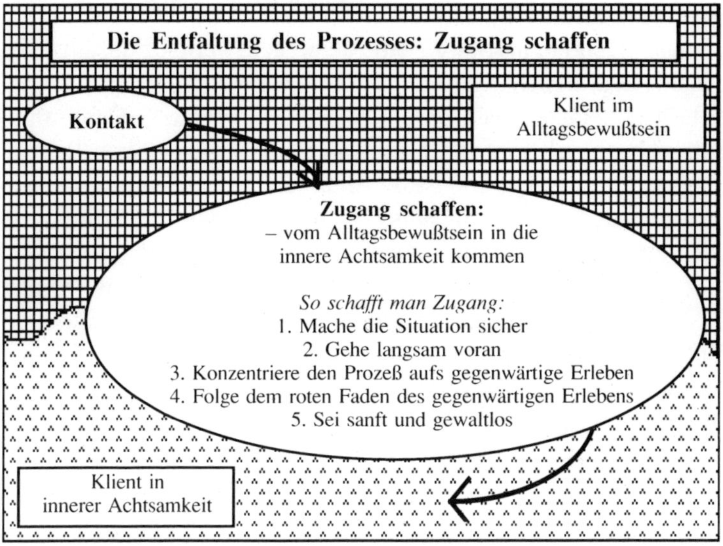

des Prozesses untersuchen wir die Grundprogramme oder Charakterzüge, die die individuelle Umgangsweise mit dem Leben formen, und wir suchen nach sinnvolleren Optionen, die diese Grundanschauungen ersetzen können.

Wir müssen jetzt der Person helfen, tief innen zu bleiben und engen und intimen Kontakt mit ihrem Erleben zu halten. Gewöhnlich haben die Klienten an dieser Stelle die Augen geschlossen und kümmern sich nicht mehr um die Vorgänge in der Außenwelt. Selbsterforschung auf dieser Ebene kann während regelmäßiger Meditation oder in therapeutischen Situationen stattfinden. Bei der Meditation findet diese achtsame Introspektion ohne äußere Führung oder Hinwendung zu bestimmten psychologischen Themen statt. In der Hakomi-Therapie dagegen helfen wir dem Klienten, bei einer bestimmten Frage zu bleiben und die dahinterstehenden Schichten unbewußter Anschauungen aufzudecken. Der Therapeut hat die Funktion, den Klienten bei der Fokussierung zu unterstützen und diese innere Forschung zu führen.

Als wir bei Sandy immer präzisere Informationen über den Gürtel zutage brachten, machte sie eine bemerkenswerte Erfahrung: Sie erinnerte plötzlich eine lang vergessene Szene mit lebendiger Klarheit und intensiven Gefühlen – ihre erste sexuelle Erfahrung. Diese hatte sehr liebevoll begonnen, als sie von ihren Eltern »entdeckt« wurden. Die ganze Situation verwandelte sich in ein erniedrigendes und peinliches Erlebnis. Jetzt wurde deutlich, daß sie von dieser Zeit an ihre sexuellen Gefühle einfach abgeschnitten hatte, indem sie den Gürtel um ihre Taille zuzog. Unter Schluchzen und Weinen, was dieser gefühlten Erkenntnis folgte, befreite sie sich von ihrem Kummer über ihre schmerzhafte und beengte Vergangenheit.

In dieser Phase muß der Therapeut verschiedene Aufgaben bewältigen. Der Zustand der inneren Achtsamkeit wird sich durch die anhaltende Fokussierung auf das Erleben weiter vertiefen. Dies kann man durch Fragen über die Erfahrung erreichen. Wenn jemand z. B. eine Traurigkeit spürt, können wir erforschen: »Was für eine Traurigkeit ist das? Was machst du mit der Traurigkeit? Sind damit irgendwelche Erinnerungen verbunden?«. Viele dieser Fragen sind Was-, Wie- oder Wo-Fragen. Wir vermeiden, Warum-Fragen zu stellen; denn unser Bestreben geht dahin, die gegenwärtige Erfahrung zu intensivieren, zu vertiefen und zu klären.

Es ist dir vielleicht aufgefallen, daß wir das Zugangschaffen ähnlich beschrieben haben. Der Unterschied liegt darin, daß wir beim Zugangschaffen primär die Achtsamkeit fördern, während die Informationen, die wir so gewinnen, erst in zweiter Linie wichtig sind. Während der Durcharbeitungsphase ist die Achtsamkeit des Klienten bereits tiefer und wird müheloser aufrechterhalten. Daher kommen die Informationen jetzt aus einer tieferen Schicht und werden interessanter, da sie näher an den relevanten Anschauungen liegen.

Von der Stärkungsbarriere zum Wandel

Angesichts konfliktproduzierender Grundanschauungen kommt der therapeutische Prozeß fast immer zu einem abrupten Halt.

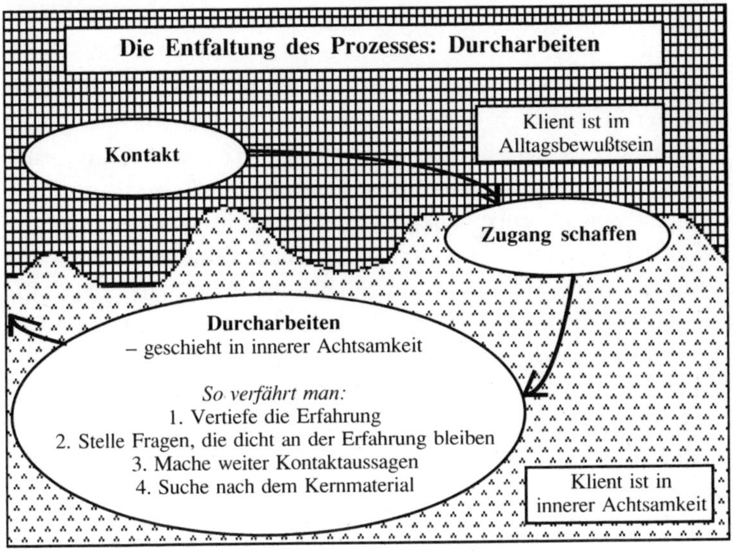

Der adaptive Teil des Individuums hat gleichsam seine Grenze erreicht und wird von einem entgegengesetzten Teil am Fortschritt gehindert. Ron Kurtz nannte diese Pattsituation »Stärkungsbarriere«. Er wählte diesen Namen, um zu unterstreichen, daß an dieser Stelle für den Klienten die Möglichkeit besteht, effektivere, wachstumsorientierte oder stärkende Optionen anzunehmen. Der Klient sehnt sich nach diesen stärkenden Einstellungen, allerdings hindert eine »Barriere«, eine Art von Widerstand das Individuum daran, diese Stärkung anzunehmen.

Wir haben in den vorhergehenden Kapiteln die organisierenden Anschauungen beschrieben, die die Barrieren aufrechterhalten und im Laufe der Jahre verstärkt werden. Da diese Anschauungen gewöhnlich außerhalb unseres Alltagsbewußtseins liegen, lassen sie sich nur schwer ändern. Angesichts der Stärkungsbarriere ist der Klient *fast* bereit, seine Grundanschauungen zu revidieren und neu zu organisieren. Gleichzeitig üben dem Wandel abgeneigte Kräfte – die Angst vor dem Unbekannten und andere altbekannte Muster – ihren Einfluß gegen die Veränderung und die Assimilation einer neuen Anschauung und neuen Verhaltens aus.

An dieser Barriere bieten wir oft die Art von Stärkung an, nach der der Klient sich zutiefst sehnt und deren Ablehnung wir gleichzeitig erwarten. Das müssen wir erklären: Kathy, eine unserer Klientinnen, war frustriert darüber, daß sie sich niemals Zeit nehmen und entspannen konnte. Sie fühlte sich dauernd dazu angetrieben, Dinge für andere zu tun, und während sie unter der Frustration litt, fühlte sie sich gleichzeitig nicht in der Lage, ihr Verhalten zu ändern. Kathy wußte, daß irgendetwas sie am Entspannen hinderte, aber sie wußte nicht was. Als wir uns auf diese Themen konzentrierten, stellte sich langsam heraus, daß man als Kind immer von ihr erwartet hatte, daß sie ihren Wert dadurch bewies, daß sie etwas für jemand anderen tat. In der therapeutischen Sitzung tauchte ihre ganze Familiendynamik auf. Beim Durcharbeiten dieses Problems forderten wir sie auf, im Zustand innerer Achtsamkeit ihre inneren Reaktionen auf die folgende Aussage zu beobachten, die vom Therapeuten angeboten wurde: »Du brauchst nichts für mich zu tun«. Obwohl sie sich so sehr danach sehnte, diese Worte zu hören, erlebte sie spontan und sofort alle möglichen Einwände und Zweifel bezüglich der Wahrheit dieses Satzes. Ihre Stärkungsbarriere hielt mit Hilfe dieser gewohnheitsmäßigen Zweifel und Einwände jede Stärkung von ihr fern. Nach dieser Entdeckung begann sie, die Barriere sorgfältig und bewußt zu erforschen. Sie fand heraus, daß sie immer noch ihre Liebenswürdigkeit zu beweisen suchte, indem sie ihren Wert an ihren Aktivitäten für andere maß.

Wir sind auf diese Barrieren gut vorbereitet und versuchen nicht, sie niederzureißen; denn sie sind zwar oftmals nicht mehr notwendig, versehen aber dennoch eine wichtige Funktion, und wir wollen der Person helfen, sie in ihrem eigenen Tempo abzubauen. Wir behandeln die Barrieren eher wie einen unbotmäßigen und fordernden Gast, den man freundlich anspricht, damit er sich aus eigenem Antrieb friedlich entfernt, und wir versuchen nicht, ihn mit all der Mühe und den Widersätzlichkeiten, die das mit sich bringt, hinauszuwerfen. Der Klient erforscht im Zustand der inneren Achtsamkeit, wie die Stärkungsbarriere aufrecht erhalten wird und was ihre Auswirkungen auf das Denken, Fühlen und das tägliche Leben sind. Wir helfen der Person, ihre Barriere zu erleben, ihre Funktion zu erfassen und auszuprobieren, wie sie ohne sie leben könnte. Kathy, die sich nicht entspannen konnte, erlebte bei der Erforschung ihrer Barriere einige Überraschungen. Sie wurde sich einer tiefen Traurigkeit gewahr, die ihr ganzes Leben durchzog. Ein Teil der Sitzung verlief folgendermaßen:

K.: Mein ganzer Körper fühlt sich so müde ... nein ... es ist mehr wie Traurigkeit, eine Art traurige Müdigkeit ...
T.: Es muß schwer sein, damit zu leben ...
K.: Ich habe diese Last mein ganzes Leben lang gespürt ... auch als Kind ... immer mich beweisen müssen ...
T.: Eine große Anstrengung, hmm?
K.: *(voll Gefühl)* Ich kann es nicht mehr ausstehen, immer muß ich der gute Mensch sein, für alle sorgen ... es ist wie ... es hört nie auf ...
T.: Also laß mich dir einfach etwas sagen, und du beobachtest deine Reaktionen, ja?
K.: Ja.
T.: Was passiert, wenn du hörst: ... »Du kannst dich jetzt entspannen«.
K.: ... Ich spürte dieses großartige Gefühl von Leichtigkeit ... aber dann kam sofort die Frage in meinem Kopf: »Wie kann das je möglich sein?«.
T.: So als ob jemand da drinnen nicht glauben kann, daß das in Ordnung ist?
K.: Ja ... es ist, als ob das unmöglich wäre ... wenn ich das täte, dann würde ich ... ich ... sie ...
T.: Wer?
K.: Meine Mutter und mein Vater ... sie würden mich nicht lieben ... ich wäre es nicht ... wert ... *(sie beginnt zu weinen)*
T.: *(nach einer Weile)* Wie wäre es anders, wenn jemand wie sie jetzt zu dir käme und sagte: »Du hast genug getan, Kathy, du kannst dich jetzt entspannen.«
K.: Ja, das fühlt sich gut an ... alles entspannt sich ... es ist wie ... ich fühle mich gut ... es ist, als ob es jetzt Hoffnung gebe ... und ich muß nicht alles tun ... *(sie weint ein wenig)*.

Jetzt hat Kathy erkannt, daß sie sich entspannen darf und die Möglichkeit einer Veränderung taucht auf. Der Therapeut hilft der Klientin, einen Scheideweg zu erreichen, an dem sie sich aussuchen kann, ob sie Experimente mit einer neuen Option auf ein anderes Glaubenssystem zulassen will oder nicht. Es gibt keinen Druck seitens des Therapeuten, diese neue Option anzunehmen, da der innere Konflikt die Klientin in ihrem eigenen Tempo auf eine effektivere Anschauung hin zutreibt. Als Therapeuten sind wir bereit, auf diesen Moment zu warten.

Transformation

Wann immer sich ein Klient für eine stärkendere und befriedigendere Anschauung entscheidet, findet ein Wechsel statt. Wenn diese Veränderung einer Grundanschauung in einer einzelnen, entscheidenden und oft emotional geladenen Erfahrung stattfindet, kann der Wechsel sich in einer sofortigen, kräftigen und

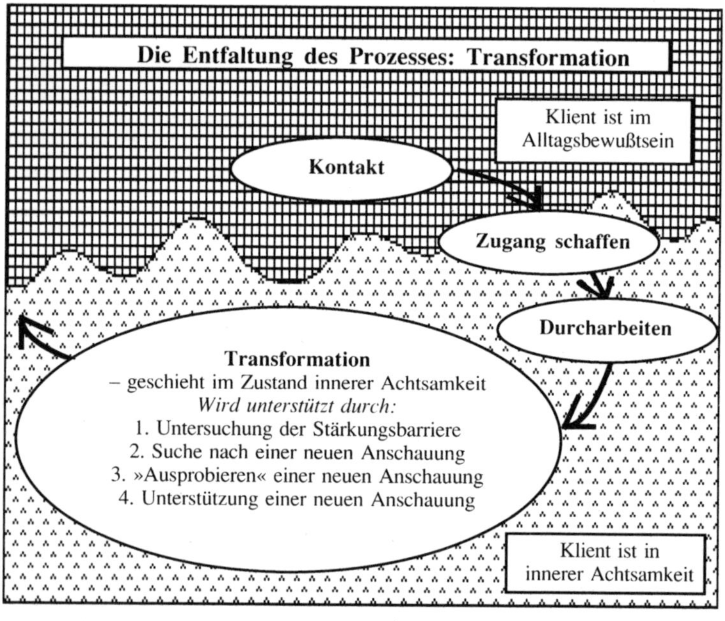

anhaltenden Transformation äußern. Allerdings sind die meisten Grundanschauungen schon so lange Teil des Lebens des Klienten, daß die Transformation sich in kleinen Schritten vollzieht. Selbst wenn sich die Einstellung von »Immer muß ich alles für die anderen tun« zu »Meistens muß ich alles für die anderen tun« ändert, machen sich Wellenschläge dieser winzigen Veränderung gleichzeitig mit dem Zweifel an dem alten »immer« bemerkbar und beeinflussen schließlich den ganzen Menschen. Die alte Anschauung war absolut und wurde nie in Frage gestellt. Jetzt wird sie angezweifelt und neue Optionen stehen zur Verfügung.

Übung 16: Befreiung
Partnerübung
In dieser Übung geht es hauptsächlich darum, wie du dich dabei zurückhältst (wir nehmen an, daß wir das alle in einem gewissen Grad tun), freier von deinem Wesen her zu leben.
1. Macht aus, wer Erfahrender (E) und wer Begleiter (B) ist. Stellt euch euch gegenüber und E nimmt sich einige Minuten Zeit, um innerlich achtsam zu werden.
2. E versetzt sich zurück in eine Situation, wo er/sie sich am meisten als frei, als sich selbst, von seinem tiefsten Kern her lebend erlebt hat, oder stellt sich einfach so eine Situation vor.
3. E läßt sich etwas Zeit, dieses Erlebnis jetzt und hier im Körper zu spüren und zu fühlen.
4. E achtet darauf, was sie/ihn jetzt im Moment im Körper zurückhält, aus dieser Art zu leben heraus sich auszudrücken. E untersucht, was an internem Zurückhalten im Körper (Anspannungen, Einengungen, Halten) spürbar ist.
5. E stellt sich vor, wenn sie/er jetzt von einer Person von außen so gehalten würde, wie er/sie sich innerlich hält – wie würde das jemand tun müssen? Nimm dir Zeit, das genau und präzise herauszufinden.
6. Beschreibe jetzt B, wie du gehalten werden solltest, so daß es so präzise wie möglich deinem inneren Erleben entspricht, und B führt das dann aus.

7. E achtet darauf, welche Erlebnisse und Eindrücke sie/er hat, während dieses eigene Zurückhalten von außen übernommen wird.
8. Während B jetzt weiterhin hält, stellt sich E vor, wie es wohl am befriedigendsten und befreiendsten wäre, jetzt auszubrechen und freizukommen.
9. E inszeniert jetzt den Ausbruch zusammen mit B. E sagt B genau, wie sie/er herauskommen will, so daß es am befriedigendsten ist. Merkt euch bitte, daß es hier nicht um einen Kampf zwischen E und B geht, sondern um Zusammenarbeit, damit das befriedigendste Ausbrechen für E inszeniert werden kann! Ihr könnt auch mit verschiedenen Arten von Ausbruch experimentieren, solange E immer darauf achtet, genau das zu bekommen, was richtig ist, und B sich als Begleiter und »Unterstützer« verhält.
10. Nachdem E »ausgebrochen« ist und frei dasteht, berichtet er/sie in innerer Achtsamkeit, welches Erleben da ist, und ob jetzt innen etwas anders geworden ist.

Dieses Gespräch kann dann auch außerhalb der inneren Achtsamkeit fortgesetzt werden.

Integration

In gewisser Weise läßt sich die neue Anschauung mit einem Neugeborenen vergleichen, das viel Ermutigung und Stärkung braucht, um am Leben zu bleiben. Der Therapeut bemüht sich, an diesem kritischen Zeitpunkt die Integration der neuen Anschauung unterstützen, indem er den Klienten sie beispielsweise in einem Rollenspiel ausprobieren läßt, indem er darüber spricht, wie es sein mag, auf so neue Art zu leben, oder indem er erforschen läßt, wie die neue Anschauung den Körper beeinflußt oder auch indem er eine »Hausaufgabe« gibt, die diese neue Anschauung unterstützt. Gleichzeitig muß der Therapeut, wenn der Wechsel stattfindet, sehr genau darauf achten, die therapeuti-

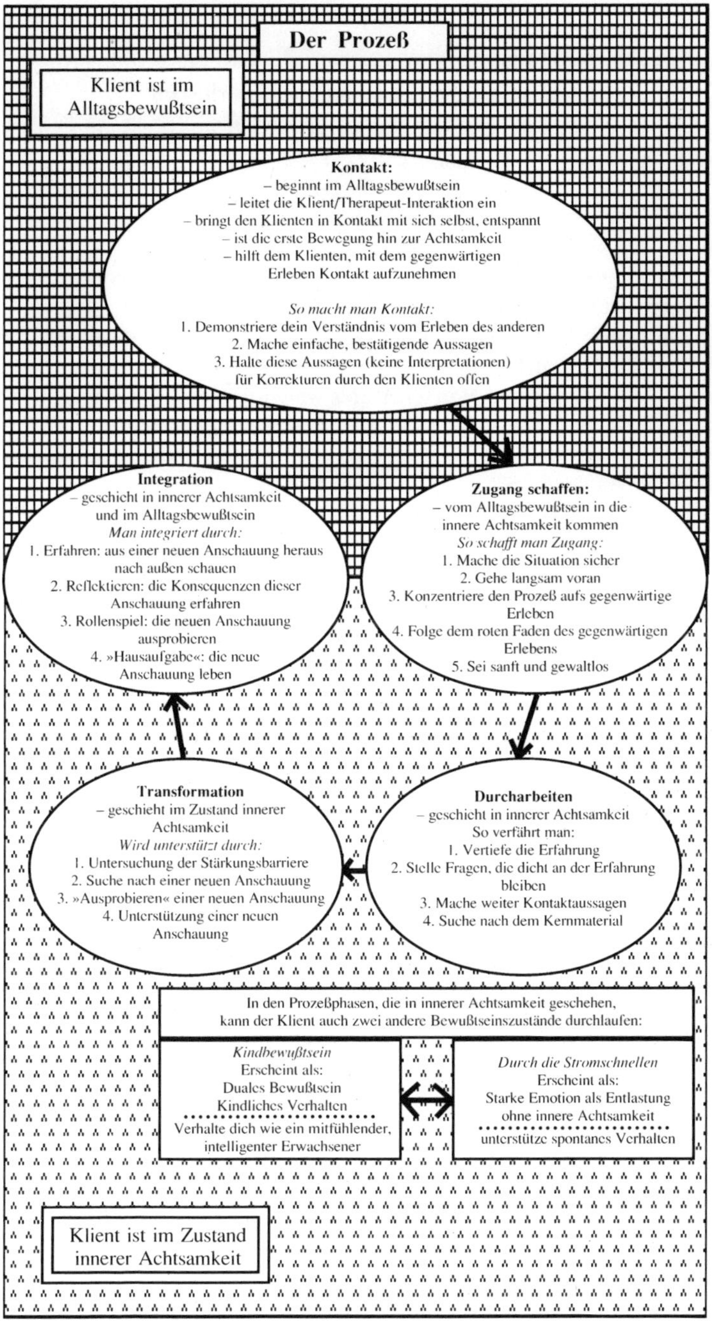
Der Prozeß
Klient ist im Alltagsbewußtsein
Kontakt:
– beginnt im Alltagsbewußtsein
– leitet die Klient/Therapeut-Interaktion ein
– bringt den Klienten in Kontakt mit sich selbst, entspannt
– ist die erste Bewegung hin zur Achtsamkeit
– hilft dem Klienten, mit dem gegenwärtigen Erleben Kontakt aufzunehmen
So macht man Kontakt:
1. Demonstriere dein Verständnis vom Erleben des anderen
2. Mache einfache, bestätigende Aussagen
3. Halte diese Aussagen (keine Interpretationen) für Korrekturen durch den Klienten offen
Zugang schaffen:
– vom Alltagsbewußtsein in die innere Achtsamkeit kommen
So schafft man Zugang:
1. Mache die Situation sicher
2. Gehe langsam voran
3. Konzentriere den Prozeß aufs gegenwärtige Erleben
4. Folge dem roten Faden des gegenwärtigen Erlebens
5. Sei sanft und gewaltlos
Durcharbeiten
– geschieht in innerer Achtsamkeit
So verfährt man:
1. Vertiefe die Erfahrung
2. Stelle Fragen, die dicht an der Erfahrung bleiben
3. Mache weiter Kontaktaussagen
4. Suche nach dem Kernmaterial
Transformation
– geschieht im Zustand innerer Achtsamkeit
Wird unterstützt durch:
1. Untersuchung der Stärkungsbarriere
2. Suche nach einer neuen Anschauung
3. »Ausprobieren« einer neuen Anschauung
4. Unterstützung einer neuen Anschauung
Integration
– geschieht in innerer Achtsamkeit und im Alltagsbewußtsein
Man integriert durch:
1. Erfahren: aus einer neuen Anschauung heraus nach außen schauen
2. Reflektieren: die Konsequenzen dieser Anschauung erfahren
3. Rollenspiel: die neuen Anschauung ausprobieren
4. »Hausaufgabe«: die neue Anschauung leben
In den Prozeßphasen, die in innerer Achtsamkeit geschehen, kann der Klient auch zwei andere Bewußtseinszustände durchlaufen:
Kindbewußtsein
Erscheint als:
Duales Bewußtsein
Kindliches Verhalten
Verhalte dich wie ein mitfühlender, intelligenter Erwachsener
Durch die Stromschnellen
Erscheint als:
Starke Emotion als Entlastung ohne innere Achtsamkeit
unterstütze spontanes Verhalten
Klient ist im Zustand innerer Achtsamkeit

sche Interaktion nicht zu dominieren und der Person die verdiente Verantwortung für die Veränderung zu überlassen.
Der alte Weise Lao Tzu gibt uns für diese Einstellung einen guten Ratschlag:

Ein Herrscher regiert dann am besten
wenn das Volk kaum weiß, daß es ihn gibt.
Er ist nicht so gut, wenn das Volk ihm gehorcht und ihn lobt
und am schlimmsten, wenn das Volk ihn verachtet.
Wenn du die Menschen nicht achtest
achten sie dich nicht.
Aber von einem guten Herrscher, der wenig von sich reden macht,
werden sie zu Recht sagen, wenn seine Arbeit getan ist,
sein Ziel erreicht ist:
»Wir haben das selbst getan!« (nach: Bynner, 1980)

Die Anwendung der Hakomi-Methode

In diesem Abschnitt stellen wir einige ausgewählte Hakomi-Techniken und ihre Anwendung vor. Als erstes werden wir beschreiben, wie wir einen Klienten beobachten und ihm folgen, so daß wir das Erleben des Klienten präzise beobachten und angemessene therapeutische Interventionen formulieren können. Dann werden wir zwei prinzipielle Hakomi-Techniken darstellen, und zwar 1. den Gebrauch von Sätzen oder Interventionen, die wir »Sonden« nennen, und 2. die Techniken des Abnehmens, die wir im dritten Kapitel erwähnt haben. Schließlich werden wir den Gebrauch von Berührung in der Hakomi-Therapie erörtern und dann mit einer Zusammenfassung der allgemeinen Einstellung und Haltung des Therapeuten abschließen.

Spurenlesen

Wenn der Klient die Prozeßphasen durchläuft, muß der Therapeut in der Lage sein, das Erleben des Klienten zu beobachten, um als kompetenter Begleiter wirken zu können. Es wäre offensichtlich am einfachsten, den Klienten dauernd um Berichte zu bitten. Das würde allerdings das Erleben immer wieder unterbrechen und es praktisch unmöglich machen, den natürlichen Fluß des Erlebens aufrechtzuerhalten. Die Alternative ist die konstante Beobachtung durch den Therapeuten. Er beobachtet jede Veränderung von Atem, Hautfarbe, Tonlage, Mimik, körperlichem/muskulärem Ausdruck (Spannungen oder Entspannung), flüchtige Mienenspiele usw. Wir müssen zu Experten im Lesen menschlichen Verhaltens und Ausdrucks werden. Als Spurenleser sind wir von einer unersättlichen Neugier über die fortlaufenden Veränderungen erfüllt. Die Spuren führen zum Kern desjenigen, der sie verursacht. Es gibt keinen leichten oder schnellen Weg, diese Fertigkeit zu erlernen, sondern du mußt üben. Wenn dir auffällt, daß jemand kurz seinen Atem anhält, ist das ein Zeichen für intensive Konzentration oder ein Aufflackern von Furcht? Bedeutet die flüchtig erhobene Augenbraue Zweifel oder Mißtrauen, oder beides? Spurenlesen verlangt dauernde *Übung und Neugier.* Du setzt dich hin und wartest. Und du lernst, was die einzelnen Spuren bedeuten, indem du beobachtest, wie sie gemacht werden.

Du kannst dein Training als Spurenleser so beginnen: Beobachte die individuelle Art und Weise, in der Menschen ihr Erleben mit kleinen Zeichen und Hinweisen signalisieren. Beachte das leichte Neigen des Kopfes, den stärker betonten Mundwinkel, die Welle von Entspannung, die über den ganzen Körper rollt, das Zittern der Stimme usw. Halte nach der Veränderung Ausschau. Beobachte den Kontext, in dem sie geschieht – was ist der gefühlsmäßige Geschmack dieser Situation. Wann genau trat die Veränderung ein? Du kannst dir über die Bedeutung der beobachteten Veränderung eine Hypothese bilden, aber bitte auch um eine Rückmeldung. Überprüfe deine Beoachtung. Gib der anderen Person die Möglichkeit, dich zu korrigieren und dir zu helfen, deine Fertigkeit zu verfeinern. Du wirst dieses Feedback einige Zeit brauchen, bis du deiner Wahrnehmung vertrauen und dementsprechend handeln kannst, ohne vorher eine Bestätigung zu bekommen.

Zur Überprüfung deiner Beobachtung brauchst du keine direkten Fragen zu stellen, sondern mache eine Kontaktaussage. Angenommen, du hast eine leichte Unbehaglichkeit beim anderen gesehen, die vielleicht mit dem momentanen Gesprächsthema zu tun haben könnte. Du könntest dann eine Kontaktaussage machen, die in einer offenen Frage endet, z. B.: »Schwierig, darüber zu sprechen . . .?« Mach eine Kombination von Aussage und Frage daraus. Auf diese Weise kannst du zeigen, daß du dem Erleben folgst und es verstehst, und gleichzeitig gibst du dem anderen Gelegenheit, deine Beobachtung zu korrigieren oder zu verfeinern. So eine korrigierende Antwort könnte sein: »Nun ja, aber eigentlich werde ich von diesem komischen Gefühl in meinem Magen abgelenkt.« Das wiederum gibt dir genauere Informationen, mit denen du arbeiten und mehr Kontakt aufnehmen kannst.

Spurenlesen webt sich wie ein roter Faden durch die ganze Therapiesitzung. Dieser Faden verbindet einen Moment mit dem nächsten und durchzieht ständig das Kommen und Gehen der menschlichen Erfahrung. Präzises Spurenlesen ist die Grundlage für eine effektive Hakomi-Therapie.

Sonden

Vielleicht kennst du die Weltraumsonden, die im All Informationen sammeln und sie dann zurücksenden. In der Hakomi-Therapie schicken wir unsere Sonden in das innere Universum und lassen den Klienten über ihre Wirkung berichten. Da wir unsere Sonden auf die innere Realität zielen, sind sie nur dann effektiv, wenn der Empfänger sich im Zustand innerer Beobachtung oder Achtsamkeit befindet. Wir betrachten Sonden als Experimente, die dem Klienten zu mehr Selbsterkenntnis und Verständnis verhelfen können. In einer Sitzung kann das so aussehen:

T.: Ich möchte ein kleines Experiment vorschlagen, das wir »Sonde« nennen. Ich werde dir einen Satz sagen . . ., und du beobachtest einfach, was in dir geschieht, wenn du ihn hörst . . .
K.: Ja.
T.: . . . und was immer du beobachtest, ist in Ordnung, wir suchen nicht nach etwas Bestimmten, du beobachtest einfach nur und sagst mir dann, was passiert ist.
K.: Soll ich mich entspannen?
T.: Setz dich nur bequem hin und geh nach innen . . ., vielleicht willst du die Augen schließen, damit du weniger abgelenkt wirst . . ., du brauchst dich nur auf das Innen zu konzentrieren . . . und wenn du mir deine Beobachtungen berichtest, kannst du immer noch innen bleiben . . . Bitte beobachte, was passiert, wenn du hörst (Pause, und dann bietet der Therapeut die Sonde an): »Du brauchst jetzt nichts zu tun« . . . (Pause)
T.: Wie war das? (er fragt nach den Informationen)
K.: Ahh . . . ich konnte viel leichter atmen.
T.: In welcher Weise leichter? (Mehr Zugang zu Informationen und Erleben)
K.: Ich konnte eine Art warme Entspannung spüren, besonders in meinen Beinen. Ich fühlte eine Temperaturänderung . . . im Gesicht und in den Ohren . . .

Der Fokus des Klienten liegt jetzt auf seinem inneren Erleben. Er wird sich dessen bewußter und kann es genauer erforschen.
Eine Sonde ist eine Aussage, die das Unbewußte ansprechen und Informationen aus ihm hervorrufen soll. Im allgemeinen sind das kurze und schlichte Sätze, die dem Klienten im Zustand innerer Achtsamkeit zur Beobachtung gegeben werden. Der Klient wird aufgefordert, es sich bequem zu machen, seine Wahrnehmung nach innen zu richten und dann zu beobachten und dem Therapeuten zu berichten, welche Reaktionen dieser verbale Stimulus in ihm auslöst.
Der Klient soll *jede* Reaktion berichten, die auf die Sonde hin auftritt. Dies kann eine körperliche Reaktion wie An- oder Entspannung einzelner Körperteile, eine Emotion, eine Erinnerung, eine bestimmte visuelle oder auditive Vorstellung, ein Gedanke oder eine interne verbale Reaktion sein. Nach etwa 20 Minuten einer Therapiesitzung ergab sich folgende Interaktion:

T.: ... also beobachte einfach ... was passiert, wenn du mich sagen hörst ... »Ich vertraue in deine Fähigkeiten« ... (Pause)
K.: (seufzt) ... eine Empfindung ... ich habe nur ganz, ganz selten ... ich habe erlebt ... ich habe das jetzt ...
T.: Welche Art von Empfindung ist das?
K.: es fühlt sich an, als ob ... etwas in meinem Körper ist bereit, herauszutreten, versucht herauszukommen ...
T.: Was ist dieses Etwas, das herauszukommen versucht. Was ist dieses Es?
K.: Das versuche ich ... ich weiß nicht genau ... irgendetwas will raus ... aber es hängt noch an meinen Beinen ... ich spüre dieses gewaltige Gewicht vom Kopf bis zu den Zehen ... es hält mich am Boden.

Die Sonde: »Ich vertraue in deine Fähigkeiten« und die Bearbeitung des daraufhin auftauchenden Materials half dem Klienten, tiefere Schichten seiner Erfahrung zu erreichen. Beachte, daß der Klient während dieser gesamten Interaktion im Zustand der inneren Achtsamkeit bleibt, auch wenn er seine Reaktionen berichtet.
Wir verwenden Sonden zur Informationssammlung, wobei wir bei der gegenwärtigen Erfahrung bleiben und dann Kernmaterial und Grundanschauungen zu erreichen suchen. Wir interpretieren weder die Reaktionen des Klienten, noch analysieren wir sie, sondern wir verwenden die Reaktionen auf eine Sonde dazu, das Erleben und das Verständnis des Klienten zu vertiefen. Im allgemeinen werden Sonden dazu eingesetzt, den therapeutischen Prozeß einzuleiten oder ihn zu vertiefen. Der Zweck der Sonde besteht in erster Linie darin, charakterologische oder tiefe persönlichkeitsbezogene Information und Erfahrung zu erreichen. Es ist ein unterstützender, nichtfordender Prozeß, in dem jede Reaktion angemessen ist. Das unterstützt den Selbstregulationsprozeß des Klienten darin, zu entdecken, was in diesem Moment wichtig zu sein scheint.

Bei einer Sonde stellt der Therapeut sicher, daß sich der Klient im Zustand innerer Achtsamkeit befindet, d. h. daß er entspannt, aufnahmebereit und seiner inneren Prozesse gewahr ist. Die

Stimme des Therapeuten muß ruhig, entspannt und langsam klingen. Jede Sonde wird von einer ungehetzten und nicht fordernden Einstellung begleitet. Sonden sind kurze und einfache Sätze, wie man sie einem Kind sagen würde. Sie sollen tiefe charakterologische, unterdrückte und oft schmerzhafte Themen anklingen lassen. Oft reagiert das Kind im Klienten auf die Sonden.

Sonden sind positive, unterstützende und potentiell nährende Aussagen. Da der Klient sich im Zustand innerer Achtsamkeit befindet, wäre es unangemessen und gewalttätig, negativ geladene Aussagen zu machen. Dies wäre sicherlich ein Affront des Klienten und zerstörte Vertrauen und Sicherheit, die der Klient in der Therapie erlebt.

Einige Beispiele für Sonden, die wir verwenden können, sind: »Du bist hier willkommen«, »Du brauchst dich nicht zu beweisen«, »Du bist akzeptiert, so wie du bist«. Beachte bitte, daß wir in der Therapie jede Sonde so formulieren, daß sie zum Prozeß des Klienten paßt, auch wenn es einige Standardsonden gibt, die zu oft auftretenden Prozessen passen. Obwohl alle diese Sonden positiv und potentiell nährend sind, kann der Klient eine negative innere Reaktion auf sie erleben – eine Spannung, emotionalen oder mentalen Schmerz, Verwirrung, Ablehnung usw. Dies kann das Kernmaterial sein, das auf die Sonde reagiert. Mit Hilfe der Sonden kann der Klient dieses sonst unbewußte Kernmaterial direkt erleben. Wenn wir Sonden auf diese Weise (als Kernmaterialsonde) verwenden, versuchen wir, die sogenannten Abwehrmuster auszulösen und erwarten eine zurückweisende Reaktion.

Frank hatte ein äußerst schlechtes Selbstbild, das er mit einem fortwährenden inneren Monolog unterstützte (»Ich mach nie etwas richtig«, »ich zähle nichts«, »Wer bin ich schon«, usw.). Bei der Arbeit mit ihm setzte der Therapeut folgende Sonde ein: »Du bist ein guter Mensch.« Diese Sonde wird bei ihm eine gewisse Abwehrreaktion hervorrufen. Dennoch unterstützt die Intervention Frank, da wir davon ausgehen können, daß er zumindest glauben möchte, daß er ein »guter Mensch« ist. In diesem Fall erlebte er als unmittelbare Reaktion den Gedanken:

»Was weißt *du* denn schon?!!!«, der von einer körperlichen Verengung in seiner Schulter- und Brustgegend begleitet wurde. In so einem Fall wissen wir, daß wir uns der Stärkungsbarriere nähern. Unsere Aufgabe besteht jetzt darin, diese Barriere sorgfältig zu untersuchen und herauszufinden, welche Optionen zur Verfügung stehen.

Wenn ein Klient eine Sonde als nährend und unterstützend annimmt, erlebt er eine völlig andere, nicht abgewehrte Reaktion: Entspannung, ein befreites Aufatmen, oft ein warmes und angenehmes Gefühl besonders in Brust und Bauch. Der Sinn einer nährenden Sonde besteht darin, den Klienten wenigstens für einen Moment erleben zu lassen, daß es einen Teil in ihm gibt, der als guter Teil des Selbst akzeptiert werden kann.

Wie man eine Sonde gibt

Stimme: Weich, sanft, neutral und ungehetzt.

Wortwahl für die Vorbereitung der Sonde: Der Wortlaut sollte allgemein gehalten werden: »Was passiert, wenn du hörst . . .«, »Was passiert, wenn du hörst, und meine Stimme könnte eine beliebige Stimme sein, die sagt . . .«, oder »Was erlebst du, wenn du hörst . . .« usw.

Zeitpunkt der Sonde: Warte, bis die Person im Zustand innerer Achtsamkeit ist.

Pause: Mache eine stille sekundenlange Pause zwischen der Vorbereitung (»Was passiert . . .«) und der Sonde.

Spurenlesen: Beobachte den Körper und halte nach spontanen Veränderungen Ausschau (Bewegungen, Hautfarbe, Atem usw.).

Bericht anfordern: Wenn dir die Person nicht spontan berichtet, was passiert ist, frage auf jeden Fall nach, d. h. »Was ist passiert?«, »Was war deine Reaktion?«, »Was hast du bemerkt?«. Du brauchst einen Bericht, damit du weißt, was vor sich geht.

Die eigentliche Reaktion: Stelle sicher, daß du einen Bericht über eine Reaktion auf die Sonde und keine Theorie, Diskussion oder Interpretation bekommst. Ein Bericht über eine Reaktion ist eine direkte Beschreibung dessen, was geschehen ist (»Ein warmes Gefühl in der Brust«), im Gegensatz zu einer Interpretation (»Ich kann nicht glauben, was du gesagt hast« oder »Ich fürchte mich vor Menschen«).

Nachgehen: Um einer Sonde nachzugehen, kannst du nach mehr Klärung suchen (frage nach dem wo, was und wie der Reaktion) und deinem Partner die Gelegenheit geben, tiefer in seine Erfahrung zu gehen. Deine Fähigkeit zum Nachgehen wird zum größten Teil von deiner therapeutischen Erfahrung und der Achtsamkeit deines Partners bestimmt. Mit etwas Erfahrung kannst du auch die Reaktion auf eine Sonde dazu verwenden, eine neue Sonde zu formen.

Beispielsonden für einige Grundanschauungen
Du bist hier sicher.
Du wirst geschätzt.
Alles, was du fühlst, ist in Ordnung.
Du mußt nichts beweisen.
Ich werde dich unterstützen.
Du brauchst niemandem einen Gefallen zu tun.
Du bist ein guter Mensch.

Übung 17: Wie man Sonden gibt
Partnerübung
Sonden werden am effektivsten in einer sicheren therapeutischen Situation gegeben. Mit diesem Gedanken im Hintergrund kannst du trotzdem auch zu Hause das Sondengeben mit einem Partner üben.
1. Suche einen ruhigen und ungestörten Platz, und macht es euch gemütlich.
2. Laß deinen Partner in den Zustand innerer Achtsamkeit gehen, während du die obenstehenden Anweisungen zum Sondengeben liest.
3. Dann lies eine der Beispielsonden vor. Laß dir nach jeder Sonde berichten, wie es war und welche internen Reaktionen die Sonde hervorgerufen hat.
Du kannst auf diese Weise ein paar Sonden geben, und dann könnt ihr euch abwechseln.

Abnehmen

Eine Teilnehmerin an einem unserer Workshops, wir wollen sie Nancy nennen, erinnerte sich daran, wie sie als kleines Mädchen auf ihrem Bett lag und ihren ganzen Körper anspannte, um ihre starken Verwirrungs- und Angstgefühle unter Kontrolle zu halten. Diese Kindheitserinnerung hatte sie schon oft heimgesucht, und sie wußte nie, was sie bedeuten sollte. Der entscheidende Teil unserer Interaktion verlief so:

K.: Ich merke, wie ich mich zusammenziehe ... es ist, als ob alles in mir drinnen sich ins innerste Zentrum meines Körpers zusammenzieht ...
T.: Wäre es dir recht, wenn wir das für dich tun würden?
K.: Ja.
T.: (Hält den Körper der Frau mit Hilfe einiger Gruppenmitglieder in der Weise zusammen, die die Frau angedeutet hat.)
Ist das richtig so?
K.: (nach einigen Sekunden) Ahhhhh (mit der Entspannung nimmt ihr Gesicht einen schmerzhaften Ausdruck an)
T.: Das tut sehr weh, nicht wahr?
K.: Ich bin so furchtbar allein (weint unkontrolliert)

Beachte, daß Nancy in dieser Szene zuerst zwei schwierige Dinge gleichzeitig tat: Sie hielt ihre Emotionen unter Kontrolle, indem sie sich körperlich zusammenzog, und sie wollte das mental/emotionale Muster hinter dieser Situation herausfinden. Also nahm ihr der Therapeut das Zusammenziehen ab, indem er sie genauso zusammenhielt, wie sie das vorher selbst gemacht hatte. Jetzt konnte sie ihre emotionale Kontrolle aufgeben und das zugrundeliegende Gefühl des Alleinseins wahrnehmen. Da der Therapeut eines der Muster für sie übernahm, konnte sie ihre ungebrochene Aufmerksamkeit dem Entdecken der Bedeutung dieses Musters widmen.

Abnehmen heißt, etwas für den Klienten zu tun, was er gewöhnlich selbst macht, um sich gegen ein Gefühl, einen Gedanken, eine Erinnerung oder eine Empfindung zu schützen. Der Therapeut nimmt dem Klienten die Anstrengung ab. Diese Art des Abnehmens wird als Erleichterung empfunden, weil sie unterstützt ohne einzuengen. Der Therapeut folgt präzise der Anleitung des Klienten, indem er exakt abnimmt, was der Klient beschreibt.

Abnehmen erlaubt dem Therapeuten, aktiv am Therapieprozeß

teilzunehmen, ohne gewaltsam vorzugehen. Der Therapeut kann den Prozeß unterstützen und vertiefen, ohne den Klienten in eine bestimmte Richtung zu lenken. Abnehmen ist ein – oft wortloses – Angebot seitens des Therapeuten, das der Klient annehmen kann, wenn er will. Wenn er es akzeptiert, dann freiwillig, und ohne das verwirrende oder chaotische Gefühl, das sich beim Antreiben einstellt.

Wenn der Klient z. B. seine Schultern zusammenzieht, kann der Therapeut das für ihn tun; wenn er eine geballte Faust zurückhält, kann der Therapeut das eine Weile für ihn tun; wenn jemand etwas nicht sehen will, können wir seine Augen bedecken. Wenn sich ein Klient aus etwas herausreden will, bieten wir an, das eine Weile für ihn zu tun. Wir beobachten, mit Hilfe welchen Musters jemand sich sicherer und geschützter fühlt und dann »tun« wir dieses Muster für den Klienten.

Man muß besonders zwei Aspekte des Abnehmens differenzieren. Erstens erhält der Klient auf einer Widerstandsebene Unterstützung, auf der er niemals Unterstützung erwartet hätte. Im allgemeinen ist sich der Klient dieser Blockierung nicht bewußt, und dennoch kann der Therapeut an diesem Punkt unterstützen. Das zu merken verstärkt das Vertrauen in den Therapeuten. Es entsteht ein Gefühl, so akzeptiert zu werden, wie man ist, und du brauchst nicht mehr zu kämpfen, und kannst entspannen, was das Unterbewußte sich sicher fühlen und Informationen freigeben läßt. Zweitens: Wenn der Klient das Angebot des Therapeuten, etwas abzunehmen, akzeptiert, kann er einen Teil des Widerstands dem Therapeuten überlassen. Und gleichzeitig fühlt sich der Klient weiterhin sicher und geschützt, weil sein Widerstand nicht weggenommen wird; er wird nur abgenommen, von jemand anderem aufrechterhalten. Und da er nicht mehr darum kämpfen muß, sich zu beschützen, kann er jetzt mit dem Problem in Kontakt kommen, das von der Abwehr geschützt und abgedeckt wird. Der geschützte Teil liegt hinter dem Lärm und der Anstrengung der Abwehrmanöver, und nachdem diese abgeklungen sind, kann man mit ihm in Kontakt kommen.

In der Hakomi-Methode wird dieses Abnehmen der Abwehr auf

breiter Front eingesetzt. Die Unterstützung von Abwehr ist ein Weg, dem Klienten zu vermitteln, daß in der Therapiesitzung tatsächlich jeder Aspekt seiner Persönlichkeit und seines Verhaltens akzeptiert und unterstützt wird. Durch die Unterstützung der Abwehrsysteme gibt der Therapeut dem Klienten ein hohes Sicherheitsgefühl. Dieses Konzept der »Verteidigung der Abwehr« entspringt der Auffassung, daß jeder Teil des Individuums – einschließlich der Abwehr – dieser Person hilft, die Integrität zu bewahren, die sie sich bisher aufgebaut hat. Die Abwehrmanöver werden als Verhaltensweisen betrachtet, die auf irgendeine Weise dem Individuum geholfen haben, zu überleben und zu funktionieren. Zur gleichen Zeit wollen wir unseren Klienten die Gelegenheit geben, ihre »Ablagen auszumisten« und sich nicht in überholten und unerwünschten Mustern steckengeblieben zu fühlen.

Lola erlebte ein traumatisches Ereignis aus ihrer Kindheit wieder, als sie von ihren Eltern zur Strafe in einen Schrank gesperrt worden war. Selbst nach so langer Zeit hatte sie immer noch Angst, herauszukommen oder auch nur herauszuschauen. In dem ursprünglichen Erlebnis hatte sie Augen und Gesicht mit ihren Händen bedeckt, weil sie die Zurückweisung der draußen Wartenden fürchtete. Als sie dieses Erlebnis erzählte, wiederholte sie spontan diese Geste. Der Therapeut nahm ihr dann dieses Bedekken der Augen ab. Lola entspannte sich und fühlte sich unterstützt, und sie konnte immer deutlicher zwischen der Gegenwart und ihrer Erinnerung differenzieren. Sie wurde sich bewußt, daß sie als erwachsene Frau wegen dieser Kindheitserfahrung nicht mehr erschreckt zu sein brauchte. Die Barriere, die diese Einsicht verhindert hatte, löste sich auf, als ihr dämmerte, daß ihr trotz ihrer Fehler vergeben und sie akzeptiert werden konnte. Mit Unterstützung des Therapeuten begann sie, langsam zwischen den Fingern hervorzulugen und stellte fest, daß ihr nichts Schreckliches geschah. Einige Wochen später erhielten wir einen Brief von ihr, in dem sie schrieb, daß sich ihre Sehkraft nach dieser Erfahrung verbessert hatte.

Indem der Therapeut einen Ausdruck »abnimmt«, kann er dem Klienten dabei helfen herauszufinden, welche Bedeutung hinter den anscheinend unbeabsichtigten nichtverbalen Äußerungen steht. Einige Reaktionen, die abgenommen werden können sind: mentales Selbstgespräch, Gedanken, Muskelspannungen, Blockaden des Gefühlsausdrucks, Gesten, die einen verbalen oder emotionalen Ausdruck begleiten, alle Impulse, Selbstunterstützung, Bilder, Blockaden der Bewegung und die Bewegung selbst.
Bei Selbstgesprächen z. B. kann das so aussehen:
Mark war außergewöhnlich schüchtern und zurückgezogen, er fühlte sich in Beziehungen unterlegen. In der Arbeit setzte der Therapeut die Sonde ein: »Du kannst dein Leben selbst bestimmen«. Als Reaktion hörte Mark in seinem Kopf sofort eine Stimme, die sagte: »Nein, kannst du nicht!«. Der Therapeut bat dann seinen Ko-Therapeuten, diese Antwort abzunehmen. Er forderte Mark auf, seine Reaktionen zu beobachten, wenn der Ko-Therapeut die Aussage der »Stimme im Kopf« wiederholte. Dann gab der Therapeut erneut die Sonde: »Du kannst dein Leben selbst bestimmen«, und der Ko-Therapeut antwortete: »Nein, kannst du nicht«. Nach viermaliger Wiederholung wurde Mark deutlich erregt. Als der Ko-Therapeut noch einmal »Nein, kannst du nicht« sagen wollte, wandte Mark sich ihm zu und schrie: »Halts Maul!«. Er erlebte die ganze Situation als höchst erfreulich und befreiend. Er konnte endlich dem Teil in sich widersprechen, von dem er sich sein ganzes Leben lang dominiert und terrorisiert gefühlt hatte.
Abnehmen ist auch bei allen möglichen Körperspannungen, die von außen repliziert werden können, möglich, z. B. Druck im Nacken, gerunzelte Stirn, geballte Faust, Zusammenrollen usw.
Dir wird vielleicht aufgefallen sein, daß in diesen Situationen der Therapeut für den Klienten handelt, während der Klient alles Tun sein läßt und relativ passiv ist. Dies nennen wir *passives Abnehmen*. Der Klient beobachtet nur seine inneren Reaktionen, während der Therapeut handelt. Diese Art des Abnehmens ist dann

am wirksamsten, wenn der Klient achtsam ist, und läßt sich sehr gut dafür einsetzen, Loslassen und Selbstunterstützung zu lernen. Es gibt aber noch eine weitere Technik, die wir »aktives Abnehmen« nennen.

Beim *aktiven Abnehmen* versucht der Klient aktiv, etwas auszudrücken, während der Therapeut den Klienten zurückhält, so daß der Impuls beobachtet werden kann. In diesem Fall übernimmt der Therapeut den *Widerstand* des Klienten gegen den Selbstausdruck. Diese Art des Abnehmens ist dann am effektivsten, wenn ein hohes Spannungsniveau oder eine starke muskuläre Ladung vorliegt, oder wenn man einen zurückgehaltenen Impuls entladen oder untersuchen möchte.

Wir setzen das aktive Abnehmen in erster Linie dann ein, wenn wir bemerken, daß ein Klient einen Impuls blockiert, wenn er z. B. sagt: »Am liebsten würde ich ihm eins auf die Nase geben«. Wer immer das sagt und nicht entsprechend handelt, fühlt gleichzeitig zwei entgegengesetzte Impulse: Ein Teil will zuschlagen, der andere hält die Person zurück. Diese Art von Konflikt können wir übernehmen. Seine aggressiven Impulse auszuleben kann natürlich sozial unerwünschtes Verhalten sein. Also bieten wir der Person folgende Option an: »Ich halte deine geballte Faust so zurück, daß du niemand verletzen kannst, und dann versuchst du, ihm eines auf die Nase zu geben«. Diese Option erlaubt dem Klienten, mit seinem Impuls in Kontakt zu kommen, ihn zu leben und zu erfahren und mehr über seinen Ärger herauszufinden. Diese Techniken des aktiven Übernehmens setzen oft sehr viel Energie frei und es sieht so aus, als ob ein Kampf stattfinde. Stell dir diesen Klienten einfach vor, wie er mit aller Kraft und Gewalt versucht, jemandem auf die Nase zu hauen, während fünf Leute ihn zurückhalten. Aber es sieht nur gewaltsam aus; in Wirklichkeit haben wir nur den Kampf übernommen, der in dieser Person bereits vor sich geht. Für diese ist es oft eine enorme Erleichterung, sich nicht mehr zurückhalten zu müssen. Und was für eine Befriedigung es doch verschafft, endlich einmal auszudrücken, was so lange zurückgehalten wurde. Wenn das aktive Übernehmen präzise und korrekt eingesetzt wird, fühlt es sich für den

Klienten »richtig« an, und er wird befriedigt sein. Das Hauptziel besteht allerdings darin, die Bedeutung des Impulses herauszufinden.

Einer unserer Klienten mit Namen Tony war sehr frustriert und wütend auf seine Frau, die ihn verlassen hatte. Er war sich dauernd bewußt, wie er sich zurückhalten mußte, auch nur beim geringsten Anlaß zuzuschlagen. Diese Situation wurde für ihn bei der Arbeit und im sozialen Umgang unerträglich. In der Therapie arrangierten wir eine Situation, wo wir ihn sicher zurückhalten konnten, so daß Tony seine Frustration ausdrücken konnte. Der Therapeut übernahm seinen Widerstand gegen das Zuschlagen, indem er ihn körperlich zurückhielt. Nach einigen anstrengenden und frustrierenden Minuten verschwand sein Ärger ein wenig, und er wurde spürbar traurig. Plötzlich wurde er sich einer überwältigenden Traurigkeit über den Verlust seiner Frau bewußt, die zuvor von seiner Wut und seiner Frustration völlig überdeckt gewesen war.

Abnehmen ist außerhalb eines therapeutischen Kontextes gewöhnlich nur schwer anzuwenden. Trotzdem geben wir hier einen Vorschlag, wie du mit einem Partner das Konzept des Abnehmens ausprobieren kannst.

Übung 18: Wie man etwas abnimmt

Partnerübung

1. Mach diese Übung nur, wenn du dich in einer ruhigen, unterstützenden, sicheren Atmosphäre befindest, wo du keine Unterbrechungen zu fürchten hast.
2. Wir schlagen vor, daß du dir für diese Übung zwei ganz gewöhnliche körperliche Haltungen vornimmst, entweder die Anstrengung, den Kopf hoch, oder die, den Mund geschlossen zu halten. Such dir eine davon aus.
3. Laß deinem Partner Zeit, in den Zustand innerer Achtsamkeit zu gehen. Er soll bequem, am besten mit Rücken und Kopf an der Wand oder einem hohen Stuhl sitzen, so daß er seinen Oberkörper nicht selbst aufrecht halten muß.

4. Bitte deinen Partner, seinen inneren Zustand zu beobachten, bevor du mit dem Abnehmen beginnst.
5. Nun versuche, so präzise wie möglich entweder den Kopf deines Partners hochzuhalten, indem du ihn vielleicht mit den Händen an der Stirn und im Nacken unterstützt, oder den Unterkiefer zu unterstützen, indem du eine Hand mit genau dem richtigen Druck unter das Kinn legst, so daß er in derselben geschlossenen Stellung wie zuvor bleibt.
6. Frage deinen Partner, ob dies genau die richtige Art ist, den Kopf oder den Unterkiefer zu halten, damit er in einer natürlichen und normalen Stellung ist, und frage auch, ob es eine bessere, noch präzisere und korrektere Art gibt.
7. Jetzt halte diese Position eine Weile für deinen Partner. Sei dabei ruhig, ohne dich zu bewegen; halte einfach nur diese Position für eine Weile. Es kann einige Minuten dauern, bis du oder dein Partner genug davon hat oder bis es so aussieht, als hättet ihr genug Zeit damit verbracht. Jede Spanne zwischen 3 und 10 Minuten ist angemessen.
8. Es ist wichtig, einen Bericht von deinem Partner darüber zu bekommen, wie es ist, was passiert, welche Erfahrung dieses Abnehmen für ihn ist.
9. Falls dein Partner mit einem starken Gefühl in Berührung gekommen ist, frage ihn, was du für ihn tun kannst, damit er sich besser, sicherer oder wieder angenehm fühlt, und tu das dann für ihn. (Wenn du Therapeut bist, kannst du vielleicht auch das Material, das hochgekommen ist, zusammen mit deinem Partner erforschen.)

Wann immer ein Ausdruck des Klienten ein bedeutsamer, aber unbewußter oder unwillkürlicher Aspekt der gegenwärtigen Erfahrung zu sein scheint, kann man abnehmen. Abnehmen kann während jeder Phase des therapeutischen Prozesses eingesetzt werden. Sei dir gewahr, daß Abnehmen im allgemeinen körperlichen Kontakt mit sich bringt, der den Klienten aus der Achtsamkeit herausreißen kann, wenn er nicht sorgfältig eingesetzt wird.

Kopiere so genau wie möglich (beim passiven Abnehmen) den Ausdruck des Klienten oder halte (beim aktiven Abnehmen) den Ausdruck einer unbewußten oder unwillkürlichen Reaktion zurück, wobei du die Rückmeldung des Klienten verwendest.

Worauf du beim Abnehmen achten solltest:

- Abnehmen verringert das Hintergrundrauschen, das die dahinterstehende Information maskiert (die Spannung blockiert die Empfindung und betäubt die Sinneseindrücke.)
- Durch das verminderte Hintergrundrauschen wird die *Sensitivität erhöht* und die Energie und Aufmerksamkeit kann umgelenkt werden.
- Mit erhöhter Sensitivität und neu gerichteter Aufmerksamkeit können wir *neue Informationen sammeln.*
- Wenn man jemand aktiv hilft, etwas zu tun, was der Klient will, wird er das als Unterstützung erleben. Daher erzeugt Abnehmen *Sicherheit und Vertrauen* in den Therapeuten.
- Abnehmen stellt *externe Kontrolle* bereit. Wenn du zurückgehalten wirst, ist es möglich, wirklich loszulassen und die Situation zu erforschen und zu studieren.
- Abnehmen läßt die *Wahrnehmung zu dem abgewehrten Material hin wechseln.* Sie löst sich von den defensiven Befürchtungen und wendet sich den Gefühlen und Erinnerungen zu, die beschützt werden. Die Kombination von Sicherheit und Sensitivität gibt die Gelegenheit, sich darauf zu konzentrieren, *was* beschützt wird. Das Unbewußte hat die Möglichkeit, Informationen unbesorgt herauszugeben.

Die präzise Verwendung von Berührung

Wie kommt es, daß in der Psychotherapie Berührung nur vereinzelt, wenn überhaupt, verwendet wurde und wird? Scheint Berühren nicht ein natürlicher Teil jeder engen, unterstützenden und auf gegenseitigem Respekt gegründeten Beziehung zu sein? Können wir überhaupt jemandem helfen, menschlicher, offener und mitfühlender zu werden, wenn wir auf das Berühren verzichten?

Wir wissen, wie lebensbejahend Berührung ist. Kinder sind auf Berührung angewiesen und können ohne sie sterben. Wir alle kennen unabhängig vom Lebensalter Zeiten, in denen wir nach Berührung hungerten. Wir wissen auch, wie notwendig sensitives Mitempfinden (auch »genaue Empathie« genannt) für eine erfolgreiche Therapie ist, und wir wissen, wie tief wir im Inneren von diesem Mitempfinden berührt werden können.

Es ist auch bekannt, daß Berühren in Form des Handauflegens wahrscheinlich eine der ältesten Heilungsformen ist, die in jüngster Zeit wieder einen großen Aufschwung erlebt hat. Wie kommt es dann, daß in der Psychotherapie ein solches Tabu gegen die Berührung herrscht?

Wir glauben, daß die Berührung aus mindestens zwei Gründen in der herkömmlichen Psychotherapie und der Psychoanalyse (außer Wilhelm Reich) nicht systematisch eingesetzt wurde. Erstens geht die Psychoanalyse von der interpersonalen (Übertragungs-) Natur von Therapie aus. Es wurde die Theorie entwickelt, daß Berührung diese interpersonale Interaktion trübt, indem sie den Patienten abhängiger vom Therapeuten macht. Man nahm an, daß regressive (sprich sexuelle) Phantasien in einer höchst unprofessionellen und unproduktiven Art stimuliert würden, wenn man Berührung in den therapeutischen Prozeß einführte. Auch wir halten diese potentielle Erregung von sexuellen Gefühlen und sogar Handlungen in der Therapie bestimmt für ein schwieriges, komplexes Thema. Besonders unsere Kultur, die Berührung fast automatisch mit Sexualität verknüpft, kann sie nur schwierig in einem objektiveren Licht betrachten. Wir sind uns sicherlich des sexuellen Potentials von Berührung bewußt, aber auch ihrer vielen anderen Kräfte. Es gibt kein einfaches Allzweckrezept für die richtige Anwendung von Berührung, außer sie mit äußerster Integrität und Präzision einzusetzen.

Der zweite und subtilere Grund gegen die Berührung liegt in der theoretischen Konzeption der Interaktion von Körper und Geist. Die meisten psychologischen Theorien diskutieren keine präzise und therapeutisch anwendbare Verbindung von Körper und Geist, ja sie versuchen noch nicht einmal, sie zu definieren. Da sie (besonders die traditionelleren Therapieformen) ihren Blickpunkt auf die mentalen Funktionen beschränken, sehen sie wahrscheinlich keinen zwingenden Grund, sich mit diesem Thema zu befassen. Dieser Standpunkt impliziert natürlich, daß Körper und Geist irgendwie getrennt und unverbunden sind. Und das kann natürlich auch dem Klienten vermitteln, daß diese Spaltung als Realität behandelt werden sollte. Letztendlich unterstützt diese Position die Spaltung des Individuums in Körper und Geist, anstatt den Menschen als ganzheitliches Wesen zu unterstützen.

Die Hakomi-Methode sieht Berührung in einem ganz anderen Licht. Wir verwenden häufig präzise Berührungen und betrachten sie als unverzichtbare Komponente im Kontakt mit dem grundsätzlich Menschlichen im Klienten. Rein verbaler Kontakt und die Vermeidung von Berührungen verstärkt die kulturelle Ambivalenz der Berührung gegenüber. Für uns ist Berühren genauso wichtig wie Sprechen. Besonders wenn sich der Klient im therapeutischen Prozeß im sogenannten regredierten Zustand oder im Kindbewußtsein befindet, ist Berührung ausgesprochen effektiv.

Berührung ist glaubhafter als Worte. Man kann mit Worten so viel einfacher lügen als mit den Händen. Du kannst das ausprobieren, indem du zuerst jemandem sagst, daß du ihn magst, und ihn dann in einer Weise berührst, die deine Zuneigung ausdrückt. Die meisten Menschen empfangen die Berührungsbotschaft viel klarer. Allerdings kann die Berührung – wie auch Worte – sowohl trösten als auch bedrohen, und daher müssen Worte und Berührung in klarer Absicht und präzise eingesetzt werden.

An dieser Stelle wollen wir zwischen zwei Arten von Berührung differenzieren: Die spontane Berührung, die in allen Therapieformen vorkommen kann, wie Händeschütteln, Trost usw., und die präzise Berührung, die wir als therapeutisches Mittel betrachten. Erstere Form der Berührung ist ein spontaner Ausdruck, der in allen Lebensbereichen angetroffen wird. Die präzise Berührung wird aber, da die Hakomi-Methode eine besondere Auffassung vom Zusammenwirken von Körper und Geist hat, gezielt eingesetzt, um erhöhte Sensitivität, Vertrauen, Unterstützung und Zugang zu Informationen zu gewinnen.

Um zu zeigen, wie man seine Berührung präziser gestalten kann, wollen wir uns einigen Eigenschaften von Berührung zuwenden. Wenn du jemanden berührst, lenkst du seine Aufmerksamkeit sofort auf die berührte Stelle. Wenn die Person nicht körperlich oder geistig bewußtlos ist, wird ihr Fokus dahin gehen, wo sie berührt wird. Das bedeutet, daß du als Therapeut die Aufmerksamkeit auf alle Körperbereiche lenken kannst, wo sie nützlich sein könnte. Gleichzeitig wird die berührte Person in den gegenwärtigen Moment gebracht. Berührung geschieht immer in der Gegenwart. Wenn wir berührt werden, werden unsere Gedanken kaum wegwandern, denn die Berührung geschieht jetzt.

Die Gefahren der Berührung entsprechen denen einer jeden Technik. Der Therapeut braucht theoretisches Wissen und praktische Erfahrung mit der Technik, sonst kann die Berührung dem Klienten die Vermeidung seiner Probleme erleichtern. Die Berührung kann zu einer Art emotionalem Pflaster werden, zu einer vorübergehenden Unterstützung, die immer wieder neu aufgelegt wird, statt den dahinterliegenden Konflikt anzusprechen. Der Zeitpunkt, der Ort und die Art der Berührung sollte vom Therapeuten klar bestimmt werden. Wenn der Klient wiederholt eine Berührung verlangt oder erwartet, die tröstender oder erregender Natur zu sein scheint, muß der Therapeut den Prozeß offen und mitfühlend auf das dahinterstehende Thema fokussieren.

Eine weitere Gefahr liegt darin, daß der Therapeut sich durch die Berührung seine eigenen Bedürfnisse erfüllen will. Wenn wir dieses Problem genau betrachten, wird deutlich, daß beim therapeutischen Mißbrauch das Problem in der Absicht und Erfahrung des Therapeuten und nicht in der Technik liegt. Klarheit der Intention und die Achtsamkeit des Therapeuten sind die besten Mittel, sich vor einem potentiellen Mißbrauch zu hüten.

Übung 19: Berührung erleben

Partnerübung

1. Setzt euch gegenüber, nah genug, um euch zu berühren, aber berührt euch noch nicht.
2. Laß deinen Partner ruhig werden und seine Aufmerksamkeit nach innen lenken.
3. Nimm eine der folgenden Einstellungen an: »Ich bin jetzt für dich da« oder »Ich bin mir nicht sicher, ob du dich berühren lassen willst«. Nimm eine dieser Einstellungen so an, daß du sie wirklich fühlen kannst.
4. Dann berühre deinen Partner an der Hand und halte die Berührung (mit der Einstellung) für einige Sekunden. Laß deinen Partner seine Reaktionen auf die Berührung erleben. Ohne zu sprechen, ziehe deine Hand zurück und nimm die andere Einstellung an. Berühre wieder dieselbe Stelle und halte deine Hand eine Weile dort.

Ihr könnt wechseln und die Übung wiederholen.

Worauf du achten solltest

Beachte, wie verschiedene Einstellungen durch die Berührung vermittelt werden können. Sensibilisiere dich für diese subtile Information. Denke an Situationen, in denen du jemand berührt hast, als du es eigentlich nicht wolltest, und was du vermittelt haben könntest. Diese Übung kann für emotional nahe Partner besonders enthüllend sein.

Der Therapeut als Begleiter

> Denke daran, daß du den Prozeß eines anderen Menschen ermöglichst. Es ist nicht dein Prozeß. Dringe nicht ein. Kontrolliere nicht. Zwinge nicht deine eigenen Bedürfnisse und Einsichten in den Vordergrund. Wenn du dem Prozeß einer Person nicht vertraust, wird sie dir nicht trauen.
>
> *(Heider, 1985)*

Der Schwerpunkt der Hakomi-Therapie liegt auf der inneren Erfahrung und auf selbsterzeugten Anschauungen, was aus der Hakomi-Methode eine nach innen gerichtete intrapsychische Therapie macht. Die Haupttechniken dieser Methode sind die innere Achtsamkeit und die Untersuchung der Erfahrung.

Wenn der Therapeut als Begleiter und sensibler Führer agiert, macht der Klient seine eigenen Entdeckungen. Auch wenn der Führer die Landkarte kennt, so kann doch nur der Klient das tatsächliche Gelände erleben. Daher sucht der Therapeut Situationen und Experimente, die es dem Klienten erlauben, ein besseres Gefühl und Verständnis für das Gelände zu erwerben. Sonden und Abnehmen sind solche Experimente. Der Therapeut bietet sie an, und der Klient beobachtet und erlebt sie. Der Therapeut schafft die Bedingungen, unter denen der Klient seine Muster, Gewohnheiten und Kernanschauungen am besten entdecken kann.

Die Hakomi-Therapie beruht auf folgenden fundamentalen Leitgedanken:

- *Langsames und sanftes Vorgehen* – es gibt keinen Grund, sich zu beeilen. Der Therapieprozeß schreitet im Tempo des Klienten voran. Der Therapeut braucht ihn nicht anzutreiben. Es ist wichtiger, daß der Therapeut aus dem Weg geht. Sich Zeit nehmen bedeutet, keine Tagesordnung abhaken zu müssen und nur mit dem Erleben des Moments zu arbeiten.

• *Folgen und Führen* – Die Arbeit des Therapeuten besteht darin, dem Klienten dahin zu folgen, wohin dieser ihn führt. Der Therapeut übernimmt nur dann die Führung, wenn es darum geht, den Klienten auf seinem inneren Kurs zu halten. Der Therapeut kann erst dann die Führung übernehmen, wenn er lange genug gefolgt ist, um sich über die Richtung des Klienten klar zu sein. Den Klienten zu führen kann immer nur eine vorübergehende Strategie des Therapeuten sein, weil im Grund genommen der Klient immer führt.

• *Neue Anschauungen* – Das Ziel all unserer Interventionen besteht darin, Zweifel an den festen Kernanschauungen zu säen, die die Konflikte und Schwierigkeiten im Leben der betreffenden Person verursachen. Nach unserer Erfahrung kann selbst der kleinste Riß in einer zuvor unerschütterlich behaupteten Einstellung deren Zusammenbruch auslösen. Es besteht keine Notwendigkeit, alte Anschauungen so schnell wie möglich zusammenbrechen zu lassen. Daher muß der Therapeut mehr mit Mitgefühl als direktiv arbeiten. Denn der Fokus liegt darauf, dem Klienten neue Optionen anzubieten, aus denen er wählen kann, damit er ein befriedigenderes und selbstbestimmtes Leben führen kann.

• *Einheit* – Hakomi will dem Menschen helfen, ganzheitlicher zu werden. Wir kümmern uns so oft mehr darum, was uns unterscheidet, als um das Verbindende. Man vergißt leicht, daß wir als Menschen eher ähnlich als unterschiedlich sind. Daher konzentrieren wir uns auf alle Aspekte eines Menschen und helfen dabei, sie zu integrieren, so daß die Person wirklich und ganzheitlich leben kann. Unsere Arbeit beschäftigt sich damit, die Kommunikation der Teile untereinander zu verbessern und sie zu vereinigen. Das führt zu der Erkenntnis, daß wir in einem größeren Zusammenhang alle zur menschlichen Familie gehören und unsere Gefühle und unser Verhalten Teil des menschlichen Erbes ist.

• *Neugier* – Der Therapeut stärkt die neu erwachende Neugier des Klienten. Kinder sind natürlicherweise und spontan neugierig. Die meisten Erwachsenen verlieren diese Neugier auf sich selbst und das Leben. Damit verlieren sie ihre Lebendigkeit, die Fähigkeit, sich zu wundern und das Leben zu bestaunen. Statt neugierig auf das Leben zu sein, werden sie systematisch und rigide. Dasselbe Denkmuster, das den Körper erstarren läßt, tötet auch die Neugier.

Eine Sufi-Geschichte über Nasreddin, die wir von Idries Shah kennen, wollen wir hier nacherzählen. Sie zeigt, wie wichtig es ist, seine Urteile fallenzulassen und auf eine wahrhaftig nicht-logische und radikale Art neugierig zu sein.

Nasreddin ging mit zwei Gelehrten spazieren, die über Logik und Realität diskutierten. Der eine sagte: »Ich halte niemals etwas für wahr, wenn es nicht logisch ableitbar ist.« Der andere meinte: »Und ich halte nichts für wahr, wenn es nicht durch wiederholbare Experimente bewiesen werden kann.«
In diesem Moment gingen sie an einem See vorbei, und Nasreddin bückte sich und warf etwas in Wasser.
»Was tust du da, Nasreddin?« fragte der eine seiner Begleiter.
Nasreddin antwortete: »Ich habe etwas Yoghurt ins Wasser geworfen, weil ich weiß, daß man mehr Joghurt kriegt, wenn man Yoghurt in die Milch tut.«
»Aber jeder weiß doch, daß das nur mit Milch und nicht mit Wasser funktioniert!« amüsierte sich der Gelehrte.
Worauf Nasreddin erwiderte: »Und angenommen, es klappt?«

Warum also nicht ein bißchen neugieriger und offen für das »Unmögliche« sein und einfach beobachten, was passiert ...

Schluß

In der Hakomi-Therapie spiegelt sich viel von dem wider, was das wandelnde Bewußtsein unserer Zeit ausmacht. Wie Ron Kurtz im Einleitungskapitel beschrieb, bezieht sich dieser Wandel auf große gesellschaftlich-geistige Strömungen: Wissenschaft, Wirtschaft, Politik, Religion und andere Bereiche sind davon erfaßt. Auch in der Psychologie und in der Psychotherapie breitet sich ein sich veränderndes Bewußtsein aus. Daher ist vieles von dem, was wir in diesem Buch beschrieben haben, ein Anliegen vieler unserer Kollegen, die sich mit Psychotherapie befassen: mehr Gewaltfreiheit, weniger »Ego-Trips«, mehr Bewußtsein und Selbstbestimmung der Klienten. Und obwohl unsere Arbeit einen ganz typischen, eigenen Charakter hat, der es erlaubt, einer Situation sofort anzusehen, daß sie eine Hakomi-Sitzung ist, so ist doch keine unserer Vorstellungen, Techniken und Haltungen wirklich revolutionär. Oft handelt es sich um uraltes, millionenfach bewährtes Gedankengut, das für unser Ziel neu gefaßt und präzisiert wurde. Oft führen wir nur fort, was andere vor uns begonnen haben. Die Gesamtheit der Konzeption und eine Anzahl der Techniken erweist sich dann aber doch als ein Sprung nach vorn.

Die Hakomi-Therapie spiegelt den Stand der psychotherapeutischen Wissenschaft. Wir haben lange gebraucht, die immensen Kenntnisse der östlichen Tradition mit Intelligenz und Präzision zu nutzen, und die humanistische Psychologie ist noch in der Entwicklung zu mehr Klarheit und kritisch überprüfbaren Methodologien. Diese Entwicklung wird sich fortsetzen, und mit ihr die Entwicklung von Hakomi. Zu dem Zeitpunkt, wo wir diese Zeilen schreiben, hat sich auch in Hakomi schon wieder viel verändert. Die Zeit schreitet fort, und wir bewegen uns mit.

Wir möchten an dieser Stelle allen danken, die uns mit Rat und Tat zur Seite standen, unser erstes, mit Liebe, Schmerz und Schweiß geborenes Buch fertigzustellen!

Anhang

Literatur

Anderson, Walt: *Das offene Geheimnis. Der tibetische Buddhismus als Religion und Psychologie*. Scherz/O. W. Barth, 1981.
Bandler, R. und Grinder, J.: *Metasprache und Psychotherapie*. Junfermann, 1981.
dies.: *Neue Wege der Kurzzeittherapie*. Junfermann, 1984.
Bateson, G.: *Geist und Natur*. Suhrkamp, 1982.
Berman, M.: *Wiederverzauberung der Welt*. Rowohlt, 1985.
Bynner, W.: *Tao de Ching – The Way of Life*. Perigee Book, 1980.
Erickson, M.: *Hypnotic Realities*. 1976.
Grof, S.: *Geburt, Tod und Transzendenz*. Kösel, 1985.
Heider, J.: *The Tao of Leadership*. Humanics Limited, 1985.
Jantsch, E.: *Die Selbstorganisation des Universums*. DTV, 1982.
John, Da Free.: *The Dawn Horse Testament*. Dawn Horse Press, 1985.
Jung, C. G.: *Bewußtes und Unbewußtes*. Fischer, 1985.
Koestler, A.: *Ein spanisches Testament*. Guhl, 1979.
Kurtz, R.: *Körperzentrierte Psychotherapie – Die Hakomi-Methode*. Synthesis Verlag, 1985.
Kurtz, R. und Prestera, H.: *Botschaften des Körpers*. Kösel, 1979.
Lowen, A.: *Körperausdruck und Persönlichkeit*. Kösel, 1981.
Miller, Alice: *Das Drama des begabten Kindes*. Suhrkamp, 1983.
Nyanaponika: *Geistestraining durch Achtsamkeit*. Christiani, 1979.
ders.: *The Power of Mindfulness*. Buddhist Publication Society, 1976.
Petzold, H. u. a. (Hrsg.): *Die neuen Körpertherapien*. Junfermann, 1978.
Prigogine, I.: *Dialog mit der Natur*. Piper, 1981.
Watts, A.: *Der Lauf des Wassers*. Suhrkamp, 1983.
Wilber, K.: *Wege zum Selbst*. Kösel, 1984.
Zukov, G.: *Die tanzenden Wu Li Meister*. Rowohlt, 1985.

Adressen

Hakomi-Institute
P. O. Box 1873
Boulder, CO 80306
U. S. A.

Informationen über Hakomi-Workshops und -Veranstaltungen im deutschsprachigen Raum sowie Adressen von Hakomi-Therapeuten in der Nähe Ihres Wohnortes gibt:

Roland Kopp
Gaisberstr. 27
6900 Heidelberg
Tel.: 06221/160932

Hier erhalten Sie auch Auskünfte über Ausbildungsveranstaltungen im deutschsprachigen Raum.